Psychomarkt Deutschland

Psychogruppen im Spannungsfeld von Staat, Gesellschaft, Kirchen

D1665252

Soziale Dienste
ISSN 0938-9415

GÜNTHER GEHL/MATTHIAS NEFF (HRSG.)

Psychomarkt Deutschland

Psychogruppen im Spannungsfeld von Staat, Gesellschaft, Kirchen

Hans-Werner Carlhoff · Hansjörg Hemminger
Gerhard Robbers · Michael Utsch · Raik Werner
Ingo Heinemann · Brigitta Dewald-Koch

Bertuch

© Bertuch Verlag GmbH, Weimar 2005
www.bertuch-verlag.com

Herstellung: Corax Color, Weimar

ISBN 3-937601-14-7

Inhaltsverzeichnis

Vorwort

Der 1998 veröffentlichte Endbericht der Enquête-Kommission des Deutschen Bundestages »Sogenannte Sekten- und Psychogruppen« stellt fest, dass in den letzten 20 Jahren in Deutschland ein vollkommen unübersichtlicher »Psychomarkt« entstanden ist, auf dem die unterschiedlichsten Dienstleistungen angeboten werden.

Zu diesem »Psychomarkt Deutschland« gehören tausende, auch ideologisch motivierte Anbieter, darunter Scientologen. Hinzu kommen zehntausende esoterische Heiler mit vermutlich 10 Millionen Kunden. Der Umsatz dieses Marktes, auf dem es um die Suche nach Glück, Erfolg, Reichtum und Gesundheit geht, beträgt vorsichtigen Schätzungen zu Folge jährlich etwa 10 Milliarden Euro.

Diese Entwicklung ist mit vielfältigen Gefahren und Risiken verbunden: Nach Einschätzung renommierter Sektenexperten sind zahlreiche der in Deutschland neu entstandenen Psychogruppen so bedrohlich wie die Scientology-Organisation. Nach Expertenmeinung bergen diese meist kleineren Gruppen eine neue Form von Extremismus, seien aggressiv, totalitär und gefährlich.

Diese Publikation erörtert mit renommierten Experten die Vielgestaltigkeit des Themas, seine gesellschaftliche und politische Bedeutung.

HANS-WERNER CARLHOFF gibt einen Überblick über die gesellschaftlichen Rahmenbedingungen und Entwicklungen, ohne die die Entstehung und die aktuellen Entwicklungen auf dem »Markt der Sinnsuche« nicht verstanden werden können. Er beschreibt die quantitative und qualitative Dimension diesen Marktes, benennt damit verbundene Gefährdungspotentiale und gibt einen Überblick über seine rechtlichen Rahmenbedingungen. Auch Versuche, insbesondere der Scientology-Organisation, Einfluss auf Politik und Gesetzgebung zu nehmen, kommen zur Sprache. Sein Fazit: »Die Auseinandersetzung mit dem modernen Religionspluralismus befindet sich erst am Anfang und wird mit Bestimmtheit unser 21. Jahrhundert kennzeichnen.«

HANSJÖRG HEMMINGER beschreibt in seinem Überblick über neue religiöse Gruppierungen, »Sekten« und Psychogruppen den religiösen Markt in der säkularen Kultur der Gegenwart. Der Autor hebt besonders die Bedeutung der Erlebnisorientierung im Kontext religiöser Sinnangebote hervor und stellt anschließend aktuelle Beispiele vom Psycho-Markt vor. Abschließend skizziert Hemminger eine mögliche Typologie religiöser und weltanschaulicher Gruppen.

GERHARD ROBBERS befasst sich unter verfassungsrechtlichen Gesichtspunkten mit der Thematik des Psychomarktes. Robbers warnt: »Die verfassungsrechtliche Betrachtung darf aber nicht nur an diejenigen anknüpfen, die die Initiatoren oder die treibende Kraft hinter solchen Aktivitäten sind. Sie muss auch die Betroffenen im Auge haben«.

MICHAEL UTSCH befasst sich mit »Trends, Verfahren und Phänomenen auf dem Psychomarkt«. Er geht der Frage nach, was den Psychomarkt im Unterschied zur anerkannten Psychologie und Psychotherapie kennzeichnet, und beschäftigt sich mit den Ursachen und Formen des gegenwärtigen »Psychobooms«: Im Psychomarkt verschmelzen westliches Wissen und asiatische oder magisch okkulte Weisheit zu einer »merkwürdigen Einheit«. Dabei ist »das Gefahrenpotential durch unrealistische Versprechen in der Psychoszene nicht zu unterschätzen«.

In einem zweiten Beitrag geht MICHAEL UTSCH auf die »Aufstellungsarbeit nach Hellinger« ein. Bei diesem umstrittenen Angebot im Grenzbereich von wissenschaftlicher Psychotherapie und Psychomarkt handelt es sich um ein typisches und weit verbreitetes Verfahren auf dem Psychomarkt. Utsch beschreibt die Entstehung und Arbeitsweise dieser Methode und benennt Gründe für ihre Attraktivität. Die psychologische Fachkritik ergänzt der Autor durch eine ausführliche theologische Auseinandersetzung mit den esoterisch geprägten magisch-religiösen Implikationen der Methode und kommt zu dem Ergebnis, dass Familienstellen nicht als christliche Seelsorgemethode gelten kann.

RAIK WERNER ist Mitautor der interdisziplinären empirischen Studie »Auswirkungen und Risiken unkonventioneller Psycho- und Sozialtechniken« und stellt in seinem Beitrag die Fragestellung und Vorgehensweise dieser Expertise sowie einzelne Ergebnisse, insbesondere aus dem juristisch-kriminologischen Teil vor. Anhand einer Analyse zentraler Publikationen der Scientology-Organisation zeigt er auf, dass der Anspruch dieser Organisation auf den Status einer Religionsgemeinschaft durch das in den ausgewerteten Publikationen erkennbare Selbstverständnis nicht ausreichend gedeckt ist: »Ein religiöses Selbstverständnis, das sich selbst nicht für nennenswert erachtet, (...) bedarf nicht des Schutzes der Religionsfreiheit«.

In ökonomischer Hinsicht geht es auf dem Psychomarkt um den Verkauf von Lehren, Produkten und Waren. Die rechtlichen Regelungen weisen in Hinsicht auf einen wirksamen Verbraucherschutz nach Einschätzung von Fachleuten erhebliche Defizite auf. INGO HEINEMANN befasst sich mit dieser Thematik und betont, dass Aufklärung und Beratung durch Fachleute bei der Beurteilung von Angeboten auf dem Psychomarkt helfen können. Basis müssen objektive und nachvollziehbare Kriterien sein.

Abschließend erörtert BRIGITTA DEWALD-KOCH politische und juristische Perspektiven des Psychomarktes in Deutschland. Sie benennt Handlungsmöglichkeiten des Staates, der dort, wo ihm eine gesamtstaatliche Verantwortung zukommt, berechtigt ist, sich unter Wahrung der weltanschaulichen Neutralität öffentlich und auch kritisch mit den Aktivitäten weltanschaulicher Gruppen auseinander zu setzen.

Der Markt der Sekten und Psychogruppen

HANS-WERNER CARLHOFF

1. Zur Einstimmung

Einen Blick in die Vergangenheit zu werfen lohnt sich: Das Auftreten von skurrilen Sinnbringern, Gurus und fanatischen Sektierern sowie das Angebot von alle Probleme lösenden Psychotechniken und von Heilsangeboten ist kein neues Phänomen: So wird vor über 100 Jahren in nüchterner, typisch lexikalischer Sprache unter dem Stichwort »Sekten« in »Meyers Konservations-Lexikon« von 1897 festgestellt, dass es sich bei diesem Begriff um »religiöse Parteien« handelt, welche sich wegen abweichender Meinungen von der herrschenden Kirche »trennen.« Für den Vertreter einer staatlichen Institution aus Baden-Württemberg ist der Lexikon-Artikel von 1897 insofern bemerkenswert, weil darin aufgeführt wird: »In Deutschland ist vor allem Württemberg das Land der Sekten«, was seine Bestätigung in der Beschreibung Stuttgarts zu finden scheint, in der festgestellt wird, dass »von den zu gottesdienstlichen Zwecken bestimmten Gebäuden« neben 14 evangelischen, einem reformierten und 3 katholischen »7 protestantische Sektenkirchen« das Stadtbild prägen. Wie viel anders präsentierte sich Trier zur damaligen Zeit: Von den 40 026 »Seelen« sind lediglich 5 185 evangelische – wohl zumeist Angehörige der Garnison – und 823 Juden zu zählen.

So hatte das Württemberger Land schon frühzeitig einen bunten Flickenteppich religiöser und weltanschaulicher Ausrichtung, während Trier mit seinem traditionsreichen Bistum wohl zumindest bis zur Mitte des 20. Jahrhunderts eine relativ homogene kirchliche Landschaft besaß.

2. Gesellschaftliche Standortbestimmung zwischen Pluralisierung und Individualisierung

Es ist nicht zu übersehen, dass das Zusammenleben der Menschen im mitteleuropäischen/ atlantischen Raum, jüngst erweitert nach Osten durch die politische Einbeziehung neuer Staaten in die Europäische Union, durch vielfältige Einflüsse bestimmt wird. Eine globalisierend ausgerichtete Welt, kulturell unterschiedliche Strukturen und vernetztes Denken prägen so nicht nur unser Alltagsleben, sondern auch die gegenwärtige geistig-religiöse Ortsbestimmung der Menschen. Ihren Niederschlag findet diese Situation darin, dass wiederholt eine dramatische Dynamisierung und Komplexitätssteigerung von Gefährdungspotentialen beschrieben wird. Viele Menschen, ob sie sich dazu bekennen oder nicht, befinden sich objektiv auf der Suche nach Orientierung. Tatsächlich sind wir alle Zeitzeugen tiefgreifender und weltweiter, ökologischer und sozialer, häufig von den Menschen als Krisen empfundener Entwicklungen, kriegerischer Auseinandersetzungen, – auch Machtauseinandersetzungen – bei denen zunehmend auch Religion oder was auch immer dafür ausgegeben wird, als unübersehbarer Faktor für eine kaum kalkulierbare Systemgefährdung anzusehen wäre. Dies bewirkt immer wieder eine Mobilisierung von individuellen Ängsten, die für den Einzelnen nicht selten sogar als lebensbedrohend empfunden werden.

Diese Entwicklung hat Auswirkungen. Für die rund 670 000 Kinder, die jedes Jahr bei uns in Deutschland geboren werden, scheint Zukunft – so wird vielfach gemutmaßt – nur noch als bedrohte Zukunft zu geben. Angesichts eines historischen »Kontinuitätsbruchs« löst sich die junge Generation immer mehr aus traditionellen Milieubindungen und Versorgungsbezügen der Familien. Auf sich selbst angewiesen, sieht man sich seinem individuellen (Arbeitsmarkt-) Schicksal mit allen Risiken, Chancen und Widersprüchen unterworfen. Die aktuelle Rentendebatte ist hier nur ein Beispiel. So wird verstärkt geradezu als Zeichen der Moderne die Auflösung vorgegebener sozialer Lebensformen, das Brüchigwerden von Klassen, Schichten und Lebensmilieus sowie die Neubestimmung von sozialen Bindungen beschrieben. Beklagt wird von manchen damit das Schwinden identitätsverbürgender Sozialkontakte in einer bürgerlichen Gesellschaft und der Verlust der diese tragenden homogenen Wertesysteme.

Es ist unbestritten: Heute stehen wir vor einer Pluralisierung und Individualisierung der Gesellschaft. Zunächst sind Trends offensichtlich, dass im Beruf, in der Familie oder Partnerschaft die soziale Wirklichkeit immer weniger solidarisch-kollektive Bezüge aufweist. Zunehmend dominiert die freie Betätigung des Einzelnen. Nicht das Subjekt hört auf zu existieren, sondern – so möchte man meinen – der »soziale Kitt« kollektiver Identitäten – auch der religiösen – verliert spürbar an Kraft. Soziale Herkunft, Schulbildung und Beruf und gleiche gesellschaftliche und biografische Schicksale führen längst nicht mehr zu traditionellen teilgesellschaftlichen Gemeinschaften.

Festzustellen ist: Individualisierung als gesamtgesellschaftliche Kategorie wie als psychologischer Begriff zeigt damit zunehmend Licht- und Schattenseiten. Einerseits führt Individualisierung zu mehr Selbstverantwortlichkeit, andererseits führt sie zu Abhängigkeit in Bedingungen, die sich dem individuellen Zugriff vollständig entziehen. So entsteht die Frage, ob die »Attraktivität« der Individualität, das Gemisch von Freiheit und neuen Zwängen, die sich durch die Vereinzelung in der Masse Gleicher und Enttraditionalisierter ergeben, die Identitätsbildung eher behindert als fördert.

Dem Anschein nach haben die Leitbilder und Lebensmuster einer im letzten Drittel des vorigen Jahrhunderts propagierten Wissenschafts- und Wachstumsgläubigkeit nichts zur Lösung existenzieller Lebensprobleme des Menschen beigetragen. Als Antwort sind heute vielfach Regression, Enttraditionalisierung mit unmittelbarer Auswirkung auf Normen, Glauben und Lebenssinn, eine Hinwendung zum Fundamentalismus sowie Hinwendung zum subjektiven Synkretismus festzustellen.

3. Zur Typologie des Marktes

Bei den hier im Mittelpunkt der Diskussion stehenden Gruppierungen und Gruppen, die sich am »Markt der Sinnsuche« aktiv beteiligen und den Menschen Angebote zur Lösung individueller, aktuell anstehender Probleme machen, handelt es sich aus der Sicht des Staates nicht um kirchliche Sondergemeinschaften im traditionellen Sinne, sondern um teilweise weltweit auftretende, teils neue religiöse und/oder ideologische Gemeinschaften oder um Gruppierungen, die sich als solche begreifen, also auch u. U. um pseudoreligiöse Kreationen, sowie um eine Vielzahl unterschiedlicher Psychogruppen.

Entwickelt aus der nordamerikanischen Religionssoziologie wird zwischen »audience cult«, »client cult« und »cult movement« unterschieden. »Cult« steht hier für Neureligiöses. Eine solche Klassifizierung ist für den praktischen Umgang mit dem Phänomen sog. Sekten und Psychogruppen hilfreich.

Der sog.»Publikumskult« ist eine Leser-Medien-Gemeinde, die sich um bestimmte Zeitschriften, Vortragsreisende und Autoren sammelt. An Okkultem interessierte Jugendliche erfahren beispielsweise aus Jugendzeitschriften, wie man pendelt, mit Geistern in Verbindung tritt u. ä. Hier bekommt man Anleitung zum okkulten Do-it-yourself-Verfahren. Diese Form neuer religiöser Betätigung zeichnet sich durch Unverbindlichkeit aus, durch einen niedrigen Grad von »commitment«.

Der »Kundenkult« bietet therapeutische und magische Dienstleistungen an, für die der Kunde bezahlt, z. B. astrologische und karmische Lebensberatung, Reinkarnationstherapie und andere Formen alternativer Heilweisen und Psychotherapien. Die alternative Medizin ist heutzutage ein Tummelplatz religiöser oder halbreligiöser Anbieterinnen und Anbieter. Das angebotene Sortiment reicht von mehr oder weniger bewährter Volksmedizin über Techniken der Meditation und des positiven Denkens bis hin zu japanischer Heilungsmagie und Geisterbeschwörung. Ein großer Teil dessen, was sich früher in der kirchlichen Seelsorge abspielte, ist heute in den Bereich des Kundenkults ausgewandert, aus dem christlichen Kontext gelöst und kommerzialisiert worden.

Eine »Kultbewegung« bietet scheinbar mehr, fordert aber auch mehr. In der Regel hat sie ein verbindliches Glaubenssystem, eine feste Organisation, Mitgliedschaft usw. Sie verlangt Engagement und bietet Beheimatung. Häufig steht eine charismatische Persönlichkeit an ihrer Spitze. Das Spektrum ist fast unübersehbar: neue Religionen wie die Mormonen und die Mun-Bewegung, die Traditionen wie der 1848 beginnende moderne Spiritismus, die 1875 gegründete Theosophie (und deren Fortsetzung in der New-Age-Bewegung), die 1913 entstandene Anthroposophie; neuheidnische Gruppen mit ihren Verbindungen ins Satanistische und Neonazistische. Dazu kommen die missionierenden Gruppen aus Asien, beispielsweise Guru-Bewegungen, japanische Heilsreligionen, Sufi-Meister.

Die Verbreitung von Endzeitbotschaften ist für viele Gruppierungen, so für die Zeugen Jehovas, aber auch für charismatisch ausgerichtete christliche Gruppen bezeichnend. Dabei sind Letztere einerseits dem kirchlichen Spektrum zuzuordnen, andererseits weisen sie aber auch Merkmale neureligiöser Bewegungen auf. Die Zahl sog. Psychogruppen oder -kulte mit exklusiven Methoden und hohem therapeutischem Anspruch nimmt stark zu. Die Scientology-Organisation gehört am ehesten in diesen Bereich. Sie ist jedoch besonders gekennzeichnet durch ihren unübersehbaren Machtanspruch, so dass die Organisation in ihrem tatsächlichen Wirken eine neue Form des politischen Extremismus darstellt, auch wenn Scientology immer wieder den Eindruck zu erwecken versucht, sie sei eine in Deutschland »diskriminierte« Religionsgemeinschaft.

4. Gefährdungspotentiale

Hinsichtlich des Gefährdungspotentials von sog. Sekten, und Psycho- und Okkultgruppen für die Gesellschaft wird von Seiten der Bundesregierung bereits in der Bundestags-Drucksache 13/4132 vom 15. März 1996 festgestellt, dass von diesen Gruppierungen potentielle Gefährdungen in unterschiedlicher Weise ausgehen können. Die Bundestags-Drucksache benennt dabei radikale Persönlichkeitsveränderungen, persönlichkeitsbedingte Abhängigkeiten, Unselbstständigkeit und Kommunikationsschwierigkeiten, Ausstieg aus Beruf und Ausbildung, Auflösung von Ehe und Partnerschaft, Zerstörung familiärer Bindungen u. v. m. bis hin zu materiellen, d. h. finanziellen Schäden und psychosozialen Beeinträchtigungen. Gegenüber den Gruppierungen und Organisationen werden insbesondere folgende Kritikpunkte erhoben:

– streng hierarchischer Aufbau,
– Ausrichtung auf eine Führungsfigur (Guru, Meister, Führer),
– Absolutheitsanspruch,
– autoritäre Entscheidungsabläufe und -prozesse,
– bedingungslose Unterordnung und Unterwerfung,
– zum Teil völlige Abschottung nach außen,
– unseriöse Angebote zur Lebensbewältigungshilfe, die die Lösung aller Probleme versprechen, jedoch ausnahmslos nicht einlösbar sind und häufig zu finanziellen Abhängigkeiten Hilfesuchender führen,
– Lehren und Ideologien, die im krassen Widerspruch zum demokratischen Wertekonsens stehen,
– fanatische Umsetzung der Heilslehren.

Das Auftreten von neuen Gemeinschaften und Gruppierungen mit religiösem und weltanschaulichem Hintergrund und mit Heilung und Heil versprechenden Zielen stellt die heutige plurale Gesellschaft vor allem da vor neue Aufgaben, wo diese Gemeinschaften und Gruppierungen einen Anspruch vorgeben, den sie selbst nicht einlösen. Kritisch können Aktivitäten von sektiererischen Bewegungen gesehen werden, wenn diese auf dem Gebiet der Psychotherapie, der Psychiatrie und der nicht konventionellen Medizin als Lebensbewältigungshilfe-Anbieter oder Heiler auftreten, da dies privilegierte Bereiche darstellen mit hoher Attraktivität für Personen, die eine starke Bereitschaft einbringen, sich Veränderungsprozessen auszusetzen. Als Beispiele können hier gelten: Heilstrom von Bruno Gröning, Reiki, schamanistische Séancen, Edelsteinheilung usw.

5. Zur quantitativen Dimension des Psychomarktes in Deutschland

Im Februar 2004 wurde der Abschlussbericht des Trägers zum Modellprojekt des Bundesministeriums für Familie, Senioren, Frauen und Jugend zum Thema »Prävention im Bereich der ›So genannten Sekten und Psychogruppen‹« vorgelegt. In diesem Dokument wird eindrucksvoll zusammenfassend ein aktueller Überblick über »Religiosität und Kirchlichkeit in Deutschland« gegeben. Richtigerweise wird festgestellt, dass die Fragestellung nach der Mitgliedschaft und Beteiligung der Menschen in der Bundesrepublik Deutschland an religiösem Gemeindeleben überlagert wird durch ein kultisches Milieu, das die ganze Gesellschaft durchdringt: Es beginnt bei den allgegenwärtigen Horoskopen, reicht über einen breiten esoterischen Buch- und Zeitschriftenmarkt, über alternative Heils- und Heilungsangebote sowie Lebensbewältigungshilfe und Lebenshilfe in Vorträgen und Kursen. Nicht nur in Bahnhofskiosken, sondern auch durch Fernsehsender werden Astrologie, Wunderheiler, Glücksbringer offeriert. Offensichtlich wird von den Anbietern eine große Nachfrage, ein regelrechter Markt, an solchen Praktiken und Angeboten vermutet.

Eine Erhebung der Dresdner Bank vom Frühjahr 2004 bei Marktexperten ergab, dass Esoterik, Psychologie und Naturheilkunde in den vergangenen Jahren zu einem immer wichtigeren Wirtschaftsfaktor geworden sind. Nach dieser Erhebung geben die Bundesbürger für die Suche nach dem Sinn des Lebens und ihr seelisches Wohlbefinden allein jährlich schätzungsweise neun Milliarden Euro aus. Nach Erkenntnissen von Matthias Pöhlmann von der Evangelischen Zentralstelle für Weltanschauungsfragen vom Dezember 2003 erwirtschaften allein esoterische Lebensberater pro Jahr eine Viertelmilliarde Euro.

Die in den letzten Jahren mit wissenschaftlichen Mitteln erhobenen Daten über die tatsächliche Mitgliedschaft in neuen religiösen Gruppierungen in Deutschland machen jedoch deutlich, dass die Zahl derer, die sich hier betätigen und engagieren, relativ konstant ist. Gerhard Schmidtchen (1987) kam auf etwa 1 % »Sektenmitglieder« in Deutschland, die Repräsentativstudie in Nordrhein-Westfalen von Stoffers und Puhe 1993 auf etwa 0,8 % Mitglieder bzw. ehemalige Mitglieder sog. Sekten. Der 1997 erschienene Zwischenbericht der Enquete-Kommission »Sogenannte Sekten und Psychogruppen« geht davon aus, dass etwa 0,5 % der Bevölkerung Mitglieder und noch einmal etwa 0,7 % Nahestehende einer neuen religiösen oder weltanschaulichen Gruppe sind. Selbst bei der Scientology-Organisation stagnieren seit Jahren nach Erkenntnissen der Verfassungsschutzämter die Mitglieder und werden, so 2004 vom Verfassungsschutz Baden-Württemberg bundesweit mit 5 000–6 000 Mitgliedern angegeben, was in starkem Kontrast zu den früher häufig in den Medien gemachten Vermutungen steht, nach denen es bis zu 300 000 Scientologen in Deutschland gäbe.

Dass bei einer allein quantitativen Betrachtung der Problematik die Diskussion so in eine nicht der tatsächlichen Sachsituation angemessenen Richtung gehen kann, liegt auf der Hand. Auch beim Markt der Weltanschauungen, Sekten und Psychogruppen gilt: Qualität und Quantität eines Problems sind nicht gleich. Deshalb soll der Blick hier nochmals erweitert werden durch folgende Darstellung:

Den Materialien der vom Deutschen Bundestag in den Jahren 1996 bis 1998 eingesetzten Enquete-Kommission »Sog. Sekten und Psychogruppen« ist zu entnehmen, dass in der Bundesrepublik Deutschland zwischen 550 und 600 verschiedene, zum Teil unterschiedlich große Gruppierungen agieren, die dem Spektrum der sog. Sekten und Psychogruppen zugerechnet werden können. Teilweise verhalten sich diese Gruppierungen nach außen hin unauffällig und scheinen darauf bedacht zu sein, innere Konflikte zu vermeiden und in ihren Anwerbemethoden subtil vorzugehen. Andere, wie beispielsweise die Scientology-Organisation, bemühen sich ständig um Beeinflussung der öffentlichen Meinung durch PR-Aktionen, Prozessandrohungen und Einflussnahme auf die öffentliche Diskussion.

Für Baden-Württemberg können aufgrund der registrierten Bearbeitungsfälle bei der von der Landesregierung von Baden-Württemberg eingesetzten »Interministeriellen Arbeitsgruppe für Fragen sog. Sekten und Psychogruppen« und unter weiterer Berücksichtigung von Bürgeranfragen bei dieser Stelle sowie der Auswertung durch die Interministerielle Arbeitsgruppe von einschlägigen Selbstdarstellungen etwa 120 verschiedene Organisationen und Gruppierungen ausgemacht werden. Diese Bewegungen erfüllen dabei ganz oder teilweise Kriterien, wie sie seinerzeit in der Antwort der Bundesregierung in der Bundestags-Drucksache 13/4132 »Maßnahmen der Bundesregierung auf dem Gebiet der Aufklärung über so genannte Jugendsekten und Psychogruppen einschließlich der mit ihnen rechtlich, wirtschaftlich oder in ihrer religiösen oder weltanschaulichen Zielsetzung verbundenen Organisationen« aufgeführt werden. Die einzelnen Gruppierungen unterscheiden sich allerdings teilweise erheblich durch Mitgliederzahl/Anhängerschaft und in ihrer Organisationsdichte. Tatsächlich ergibt sich jedoch für Baden-Württemberg im Vergleich zu früheren Jahren, dass die Zahl der einschlägigen Organisationen und Gruppierungen in etwa gleich geblieben ist.

Wenn die in der vorgenannten Bundestags-Drucksache aufgeführten Parameter zur Charakterisierung konfliktträchtiger Gruppierungen angesetzt werden, kann für Baden-Württemberg von einem Kernpotential von etwa 30 000–35 000 Personen, die sich in sog. Sekten und Psychogruppen betätigen, ausgegangen werden. Teilweise dürfte sich dieser Personenkreis auch »rollierend« (»Sektenhopping«) zwischen einzelnen Gruppen bewegen, so dass Mehrfach-»Mitgliedschaften« nicht auszuschließen sind. Es ist anzunehmen, dass der Kreis der »Sympathisanten« eine vielfach größere Zahl ausmacht, sie dürften oft in herkömmlichen religiösen und weltanschaulichen Gruppen zumeist formal integriert sein.

6. Markt und öffentliche Präsentation

Die Szene der sog. Sekten und Psychogruppen ist in einem ständigen Wandel begriffen. Viele dieser Gruppierungen operieren auch mit Tarn- und Untergruppierungen. Teilweise wechseln nur Namen und Bezeichnungen. In manchen Fällen benutzen die Gruppierungen gleichzeitig verschiedene, die Zuordnung erschwerende Namen. Die auch in Baden-Württemberg auftretende »Große Weiße Bruderschaft« des Peter William Leach-Lewis mit Hauptsitz in Centreville, Virginia, USA benutzte beispielsweise in den letzten Jahren für sich bzw. ihre Gremien und Organe auch die Bezeichnungen »Universale Kirche«, »Bruderschaft der Menschheit«, »Bruderschaft der Großen Weißen Loge«, »Das Fundament für höheres geistiges Lernen«, »Welt-Fundament für Naturwissenschaft«, »Das Innere Licht« usw.

Besonders bei der Scientology-Organisation ist auffällig, wie man sich verschleiernder Bezeichnungen bedient, wobei die Zielrichtung auf eine bewusste Desinformation nicht ausgeschlossen werden kann. So traten die Niederlassungen der Scientology in Stuttgart oder Heilbronn zunächst als »College für angewandte Philosophie« in Erscheinung. Auch gegenwärtig präsentiert sich die Scientology-Organisation, offensichtlich je nach taktischen Gesichtspunkten – unter der Bezeichnung »Dianetik« (im Sinne einer nach außen erscheinenden »Fortbildungsinstitution«) oder »Church« (»Kirche«). Wie Beispiele zeigen, versucht die Scientology-Organisation auch Kontakte über Bezeichnungen von Einrichtungen aufzubauen, die eine vollkommen andere Herkunft vermuten lassen. So hatte der Anfang der 90er-Jahre in Moskau gegründete Scientology-Stützpunkt den Namen »Operation and Transport Liaison Office«.

Teilweise haben die einschlägigen Gruppierungen nur einen sehr kleinen, ortsbezogenen Wirkungskreis. Andererseits sind engmaschige Organisationsstrukturen zu beobachten, die bundesweit agieren. Die überwiegende Zahl der Gruppierungen ist expansionsbestrebt. Einzelne Gruppen haben Niederlassungen im europäischen Ausland oder sogar in Übersee. Ein Großteil der Gruppierungen hat seinen Ursprung im Ausland. Unter den Funktionären einzelner Gruppierungen sind auch ausländische Staatsbürger.

Neben den bekannten überregionalen und zentralistisch organisierten Gruppierungen hat sich immer mehr ein vielgestaltiger, teilweise undurchsichtiger Markt von Psychoangeboten im Bereich der Lebensbewältigungshilfe entwickelt, der durchaus einen Angebotscharakter hat. Dabei ist eine große Anzahl gewerblicher Kurs-, Seminar-, Schulungs-, Trainings- und Beratungsangebote festzustellen, deren Ziel die Selbsterfahrung, die Verbesserung der Lebensgestaltung oder der seelischen Befindlichkeit und die Steigerung der geistig-seelischen Fähigkeiten ist. Es ist offenkundig, dass quantitativ hier von weitaus größeren Zahlen auszugehen ist, wie bei der Beschreibung der eingrenzbaren neureligiösen und weltanschaulich ausgerichteten Gruppierungen. In jedem Fall bedarf die Frage der »Mitgliedschaft« einer besonders differenzierten Diskussion und Klärung.

Festzustellen ist jedenfalls: In der Beratungsarbeit lässt sich eine Verunsicherung weiter Kreise der Bevölkerung hinsichtlich der Frage feststellen, welche Versprechungen von »Psycho-Anbietern« realistisch sind und welche nicht. Diese Entwicklung ist nachvollziehbar, wenn man berücksichtigt, dass selbst renommierte Verlage Bücher auf den Markt bringen, in welchen selbsternannte Heiler und Helfer auch zweifelhafte Methoden vorstellen und »Astrologen« über bestimmte private Rundfunk- und Fernsehsender »beraten«. Zunehmend lässt sich beobachten, dass auf dem Esoterikmarkt auch Ärzte und diplomierte Psychologen als Anbieter von umstrittenen Methoden auftreten und beispielsweise auf Verfahren wie Tantra, Rebirthing, Familienaufstellung nach Hellinger oder Hofmann-Quadrinity-Prozess u. v. m. zurückgreifen und sich damit profilieren.

7. Positionierung werteorientierter christlich-fundamentalistischer Strömungen

Im Zusammenhang mit der öffentlichen Diskussion um sog. Sekten und Psychogruppen machen sich schon seit einer geraumen Zeit verstärkt weltanschaulich-religiöse Strömungen bemerkbar, die u. a. unter den Stichworten »charismatische Erneuerung« und »pfingstlerische Bewegungen« zu subsumieren sind, teilweise aber auch als »fundamentalistische« christliche Strömungen anzusehen wären. Keinesfalls haben alle diese Gruppierungen eine Verortung im freikirchlichen Bereich, vielmehr entwickeln sie sich letztlich unabhängig von Kirchen, die als Körperschaften des öffentlichen Rechts organisiert sind.

Im Blickpunkt stehen stark missionierende Gruppierungen, die ihren Ausgangspunkt vor allem in der protestantisch-religiösen Szene Nordamerikas haben. Teilweise erfolgt die Missionierung ohne Rücksicht auf kulturelle Sichtweisen des Glaubens und der Gesellschaft Mitteleuropas; zuweilen nehmen die Verbreitungsaktivitäten auch durchaus aggressiv-kämpferische Formen an, obwohl die Gruppen selbst sich nach außen und in der Öffentlichkeit oft das Bild einer kleinen (aber aktiven) Gemeinschaft geben.

Die Finanzmittel solcher Gemeinschaften stammen teilweise von der jeweiligen »Mutterorganisation« und werden sozusagen als Startkapital zur Verfügung gestellt. Einzelnen Gemeinschaften scheint es auch gelungen zu sein, Förderer und Sponsoren, die sich vorzugsweise im Hintergrund halten, für sich zu gewinnen und damit einzelnen Gruppierungen erstaunliche Finanz- und Organisationskraft geben.

Die Einwirkungen dieser Gemeinschaften lassen sich vielfach auf die Schule (als Institution, aber auch generell) und ihr Umfeld (Elternarbeit, Berufszukunft usw.) feststellen. In diesem Zusammenhang sind u. a. auch religiös bedingte Schulpflichtverletzungen (Konflikt mit der »Home-Schooling-Bewegung« in Deutschland) zu sehen.

8. Zwischen Hinwendung und Werbung

In weiten Teilen der Bevölkerung besteht ein starkes Interesse an okkulten Praktiken wie Hellsehen, Präkognition (intuitive Vorhersehung) und Reinkarnation (Wiedergeburt). Der freiheitliche Rechtsstaat erlaubt plurale Äußerungsweisen, durch die der Einzelne seine grundlegenden moralischen und ethischen Werte teilweise auch radikal verwirklichen kann. Die Akzeptanz neuartiger Heilsangebote und die Hinwendung zu sinn- und sinntechnikvermittelnden Gruppen können aber auch infolge belasteter Beziehungen in der Familie und zwischen Partnern sowie aufgrund fehlender Lebensperspektiven und Zukunftsängste motiviert sein. Von Bedeutung ist auch – und hier besteht weitgehend fachlicher Konsens – Folgendes:
– Ein Engagement in einer Gruppierung, die den sog. Sekten und Psychogruppen zugerechnet wird, erfolgt oft ganz aktiv und aus eigenem Antrieb, um eigene Lebensprobleme zu bewältigen. Auch wenn dies meist ein unzureichender Versuch ist, persönliche Probleme lösen zu wollen, muss hinterfragt werden, welchen Anteil und welche Wirkung hier manipulative Techniken tatsächlich haben.
– Es wird immer deutlicher, dass ein häufiger Wechsel der Sympathisanten und Anhänger bei den meisten Gruppierungen üblich ist. Nur wenige der etablierten einschlägigen Gruppierungen weisen einen größeren Anteil an langjährig zugehörigen Mitgliedern auf.
– Viele ehemalige Mitglieder setzen ihre »Suche« nach dem Ausstieg fort und sind offen für Angebote anderer, durchaus auch in Konkurrenz stehender Gruppierungen.

Nicht zu übersehen ist aber auch: Sog. Sekten und Psychogruppen nutzen alle Formen der modernen Werbung. Dabei kommen auch »subtile« Strategien der Werbung zum Einsatz. Selbst Kinder und Jugendliche stehen so im Blickfeld von sog. Sekten und Psychogruppen. Aktuell sei hier die Scientology-Unterorganisation »Jugend für Menschenrechte« (Youth for Human Rights – YHRI, Scientology-Zentrale Los Angeles, USA) genannt. Bei Scientology wird darüber hinaus versucht, Kinder im Sinne der Scientology-Technologie zu beeinflussen, so dass der Eindruck entsteht, dass die Organisation bestrebt ist, mit Kindern eine nächste Generation von Scientologen aufzubauen. Werbemaßnahmen der Scientology-Organisation machen aber auch deutlich, dass die Organisation Kinder und Jugendliche zur Anbahnung von Kontakten zu ihren Eltern nutzt. Selbst vor Einschüchterungsversuchen wird dabei nicht Halt gemacht. Bei einer von der Scientology-Organisation vor einiger Zeit in Stuttgart durchgeführten massiven Werbekampagne kam es zu einem Zwischenfall, als eine 16-jährige Jugendliche einen Luftballon mit Werbebotschaften der Scientology-Organisation zerstach. Ein 44-jähriger Mann schlug daraufhin auf das Mädchen ein. Der Scientology-Werber wurde wegen vorsätzlicher Körperverletzung belangt.
Es gibt zahlreiche Berichte die deutlich machen, dass Kinder und Jugendliche regelrecht »Objekte« von Aktivitäten sog. Sekten und Psychogruppen sind. Es kann vermutet werden, dass beispielsweise die Scientology-Organisation darauf zielt, via Propagandaaktionen zum Thema Drogenprävention bei der Zielgruppe junge Menschen, ihr schlechtes Image in der Öffentlichkeit zu verbessern. Immer wieder lässt sich auch nachweisen, dass einzelne sog. Sekten und Psychogruppen sich in der direkten Werbung von Minderjährigen betätigen.

9. Juristische und politische Positionierungen

Die vergangenen Jahre waren dadurch geprägt, dass neureligiöse Aktivitäten und dem sog. Psychomarkt zugerechnete Angebote nicht selten in rechtliche Auseinandersetzungen mündeten. Wie kritisch solche Auseinandersetzungen sind, machte jüngst die Entscheidung des Bundesverfassungsgerichts (1 BvR 784–03 vom 2. März 2004) auf eine Verfassungsbeschwerde Betroffener deutlich:

Ein Geistheiler, der keine Heilung verspricht und keine Diagnose stellt, benötigt keine Zulassung als Heilpraktiker. Gleich nach dem Verfahren war bei der baden-württembergischen Geschäftsstelle der Interministeriellen Arbeitsgruppe für Fragen sog. Sekten und Psychogruppen eine Anfrage zu verzeichnen, welche Bedenken staatlicherseits bei einer (gewerblichen) Tätigkeit als »Heilungsprophet« bestünden. Tatsächlich ist kein Erlaubniszwang gegeben, wenn die Heiltätigkeit, so durch das höchste deutsche Gericht bestätigt, sich auf die Aktivierung der Selbstheilungskräfte des Patienten, beispielsweise durch Handauflegen ohne Diagnose, beschränkt. Ganz unbelastet kann der Anbieter agieren, der »rituelle« Heilung anbietet. Dabei steht ihm u. U. nicht nur der Schutz des Art. 4 des Grundgesetzes, also die Freiheit des Glaubens zur Seite, sondern im dargestellten Fall beruht die Entscheidung des Bundesverfassungsgerichts auf Art. 12 des Grundgesetzes, dem Grundrecht der Berufsfreiheit, das damit auch denjenigen schützt, der die Tätigkeit als Geistheiler ausüben will.

Der Anbieter derlei Dienstleistungen hat sich damit beim obersten Gericht der Bundesrepublik Deutschland mit folgender These (Wortlaut der Entscheidung) durchgesetzt: »Ein Heiler, der spirituell wirkt und den religiösen Riten näher steht als der Medizin, wecke im Allgemeinen die Erwartung auf heilkundlichen Beistand schon gar nicht. Die Gefahr, notwendige ärztliche Hilfe zu versäumen, wird daher eher vergrößert, wenn geistiges Heilen als Teil der Berufsübung von Heilpraktikern verstanden wird. Hingegen dürften ganz andersartige, ergänzende Vorgehensweisen – wie beispielsweise die Krankensalbung, das Segnen oder das gemeinsame Gebet – wohl kaum den Eindruck erwecken, als handle es sich um einen Ersatz für medizinische Betreuung. Jedenfalls zielen die Heilpraktikererlaubnis und die ärztliche Approbation nicht auf rituelle Heilung. Wer letztere in Anspruch nimmt, geht einen dritten Weg, setzt sein Vertrauen nicht in die Heilkunde und wählt etwas von einer Heilbehandlung Verschiedenes, wenngleich auch von diesem Weg Genesung erhofft wird. Dies zu unterbinden ist nicht Sache des Heilpraktikergesetzes.«

Vor diesem Hintergrund sind auch andere Entscheidungen der letzten Jahre verschiedener Gerichte, ja höchster Gerichte der Bundesrepublik Deutschland interessant, beispielsweise hinsichtlich der Rechtsfähigkeit von Scientology-Vereinen. Allein die Auseinandersetzungen um die Frage der Rechtsfähigkeit mündeten in eine Fülle von Rechtsverfahren, begleitet durch politische Vorgaben und Forderungen. Zieht man eine kritische Bilanz dieser Rechtsverfahren ist die Frage zu stellen, ob es bei diesen Rechtsverfahren um tatsächlich wichtige fundamentale Sachverhalte des Psychomarktes und seinen Ausformungen ging. Eines ist jedoch klar, dass die Gruppierungen in extrem geschickter Weise, egal ob die Verfahren gewonnen oder verloren wurden, vielfach die Rechtsauseinandersetzungen dazu genutzt haben, um in der Öffentlichkeit eine »Show« zu veranstalten. So ist erklärbar, dass Verfahren, auch wenn sie zu Ungunsten der Organisationen und Gruppierungen verliefen, teilweise zu deren öffentlicher Profilierung und innerer Stabilisierung beigetragen haben. Ein gutes Beispiel wie randständige Fragen zur Propaganda, in diesem Falle durch die Scientology, genutzt werden, sind die Rechtsverfahren der Scientology gegen das Land Berlin im Hinblick auf die dortige Beobachtung durch den Verfassungsschutz. Um was ging es bei den Verfahren wirklich? Beim letzten einschlägigen Verfahren (VG 27 A 40.03) jedenfalls nicht um die grundsätzliche Frage der Bedrohung der Gesellschaft durch die Scientology-Organisation, sondern, ob im Landes-Verfassungsschutzbericht die Organisation als Beobachtungsgegenstand genannt ist oder nicht. Es muss deshalb damit gerechnet werden, dass die rechtlichen Auseinandersetzungen um tatsächlich relevante Fragen, nämlich Fragen des Religionsstatusses, erst noch zu erwarten sind. Die Rechtsauseinandersetzungen staatlicher Stellen mit der Glaubensgemeinschaft der Zeugen Jehovas um die von dieser Gemeinschaft angestrebten Körperschaftsrechte dürften erst den Anfang für weitere Verfahren bilden.

10. Lobbyismus durch sog. Sekten und Psychogruppen

Gegenwärtig ist ein Trommelfeuer der Gruppierungen und Organisationen des Psychomarktes auf staatliche Entscheidungsträger festzustellen. Dabei wird die ganze Palette lobbyistischer Vorgehensweisen eingesetzt bis hin zur direkten und persönlichen Ansprache von Politikern. Dass dabei auch verdeckt auf die Adressaten zugegangen wird und diese so eines an die Grenze einer Nötigung gehenden Drucks ausgesetzt sind, verwundert nicht, ebenso, dass in der Regel die Adressaten es vermeiden, diese durchaus unangenehmen Vorkommnisse in die Öffentlichkeit zu bringen. Der Autor hat selbst einen sehr guten Einblick in die vielfältigen Versuche von Vertretern des Psychomarktes, insbesondere der Scientology-Organisation, gezielt Einfluss auf die Politik zu nehmen. Teilweise agiert die Scientology hier absolut verdeckt, mit Unterorganisationen. Für einen »gestressten« Politiker oder seinen meist jungen persönlichen Referenten sind in jedem Fall die tatsächlichen Urheber von gezieltem Lobbyismus oft nicht sofort erkennbar. Aktuell ist beispielsweise massives lobbyistisches Vorgehen gegenüber dem Entwurf für ein Lebensbewältigungshilfegesetz oder den Maßnahmen für einen einschlägigen Verbraucherschutz zu beobachten. Hier ist anscheinend die Tarnorganisation »Gesellschaft zur Förderung religiöser Toleranz und zwischenmenschlicher Beziehungen e. V.« (Unterschleißheim bei München), die mit der Scientology-Organisation verbunden ist, besonders aktiv.

Dem Autor liegt ein Dokument eines Funktionärs der Scientology-Organisation vor, der als Privatperson gegenüber einem Regierungsvertreter auftritt. In dem Papier werden Elemente aus dem Repertoire von Täuschen und Tarnen entsprechend der einschlägigen Anweisungen von L. Ron Hubbard angewandt und die oben erwähnten gerichtlichen Verfahren so verdreht dargestellt, dass auch Lückenhaftes und Einseitiges für eine fachlich nicht informierte Person auf einmal einen Plausibilitätscharakter bekommen kann.

11. Politik hinter den Kulissen?

Befasst man sich mit Religions- und Weltanschauungsfragen, dürften die jährlichen Berichte der amerikanischen Regierung, die Menschenrechtsberichte der dortigen Regierung und die US-Reports für Religionsfreiheit nicht übersehen werden. Dies gilt beispielsweise auch für den »Religionsbericht« des US-State Departements vom 25. 2. 2004 (U.S. Department of State. Country Reports on Human Rights Practises – 2003, Bureau of Democracy,

Human Rights, and Labor). In jedem Fall müssen diese Berichte in ihrer Auswirkung auf Deutschland sehr ernst genommen werden.

Es ist zumeist unbekannt, dass die einzelnen Berichte vielfach durch Klagen betroffener US-Bürger zustande kommen, die sich in ihrer religiösen, weltanschaulichen oder wirtschaftlichen Entwicklung durch die jeweilige nationale Gesetzgebung und faktische Situationen beeinträchtigt sehen. Eingebracht werden die Klagen gegenüber der Regierung der Vereinigten Staaten in der Regel durch versierte Anwälte. Gegenstand dieser Berichte ist nicht nur die Situation von Scientologen in Deutschland, sondern es werden auch Vorkommnisse gegenüber anderen Gruppierungen und Organisationen dokumentiert, die dem »Psychomarkt« zugerechnet werden können; ferner geht es um teilweise ungewöhnlich agierende religiöse Gemeinschaften, die ihren Ausgangspunkt in den USA haben. Der Bericht vom 25. 2. 2004 befasst sich aber auch mit der Vorgehensweise deutscher Bundesländer hinsichtlich Kopftuch tragender Lehrerinnen. Es muss daran erinnert werden, dass im Extremfall die US-Regierung Sanktionen, Wirtschaftssanktionen und noch weitere politische Schritte beschließen kann, wenn sie in ihrer Politik auf politische Systeme stößt, die nicht das von ihr vertretene Bild religiöser Freiheiten übernehmen. Die Instrumentalisierung von Religion als Mittel der (Außen-)Politik ist jedenfalls nicht zu übersehen. Am deutlichsten wird dies seitens der Amerikaner gegenüber Deutschland hinsichtlich Scientology und gegenüber China beispielsweise bezüglich Falun Gong.

Als nicht unproblematisch kann angesehen werden, wenn in diesen offiziellen Berichten auch ungesicherte Informationen weltweit verbreitet werden, was angesichts der Genese, möglicherweise auch Zielrichtung der Berichte nicht weiter verwunderlich ist. So ist die doch nicht unerheblich zu bewertende Behauptung im o. a. Bericht vom 25. 2. 2004, die Scientology-Organisation genieße in Baden-Württemberg den Status einer steuerbefreiten Religionsgemeinschaft, irreführend.

Experten der Weltanschauungsszene werden bestätigen können, dass schon seit geraumer Zeit politische Aktivitäten zur Thematik Diskriminierung und Religionsfreiheit gegenüber Deutschland – und zwar nicht nur auf der Ebene gegenüber der Bundesregierung, sondern auch gegenüber den Ländern – zu verzeichnen sind. Die daraus sich ergebenden Gespräche und Kontakte zwischen den verschiedenen Regierungsstellen sind sicherlich nützlich und sinnvoll. Aber es ist klar, dass von den Initiatoren solcher Aktivitäten Kontakte und Gespräche auch mit exponierten Vertretern des Psychomarktes geführt werden dürften. Dies kann einiges erklären, was sich aus allgemeiner deutscher Sicht als »seltsam« in den weltweit verbreiteten Berichten beispielsweise in den o. a. Reports findet.

Aus persönlichem Kontakt und Gesprächen des Autors mit Vertretern des US-State Departements ist bekannt, dass an bestimmten US-Botschaften der Welt amerikanische Spezialisten für den Anti-Drogen-Kampf zum Personal der entsprechenden Botschaft gehören. Wenn man gezielte Internet-Recherchen durchführt ist festzustellen, dass bei wichtigen Auslandsvertretungen der USA auch Spezialisten für Fragen der Religions- und Weltanschauungen, letztlich wenn man so will, auch zum »Psychomarkt« eingesetzt sind, die die Aufgabe haben, die Interessen der Vereinigten Staaten zu wahren. Dazu gehören eben auch die Interessen in Deutschland lebender amerikanischer Staatsbürger.

Kompliziert werden die Verhältnisse dann, wenn es vor allem um Scientology geht. Scientology ist eine in den Vereinigten Staaten registrierte Organisation, die dort über entsprechende Steuerprivilegien verfügt. In der Bundesrepublik Deutschland wird diese Organisation seit Mitte 1997 durch Verfassungsschutzbehörden des Bundes und der Länder beobachtet. Die durch die Beobachtung gewonnenen Erkenntnisse verfestigen die Auffassung, nach der die Scientology-Organisation zielstrebig auf eine totalitäre Staatsordnung hinarbeitet.

Zitat:»... Wir (werden) definitiv in jedem Land, in dem Versuche unternommen werden, unsere Religion und Scientologen zu unterdrücken, bis zum Sieg kämpfen«, so 2002 der oberste Chef der Scientology David Miscavige in »Impact«, dem Organ der Internationalen Vereinigung der Scientologen. Von Scientology wird also nach wie vor ein »Kampf« oder gar »Krieg« gegen diejenigen geführt, die sich kritisch gegen diese Organisation wenden. Der Autor hat für seine Person selbst erlebt, wie hart die Scientology-Zentrale in Los Angeles, USA gegen diejenigen vorgeht, die das Scientology-System entlarven und damit nach Auffassung von Scientology eine Gefahr für die Expansion dieser Organisation darstellen. Um es hier klar zu verdeutlichen: Eine unzweifelhafte Positionsbestimmung gegenüber Extremismus, Aggressivität und Totalitarismus im weltanschaulichen und religiösen Bereich ist notwendig und in einer Demokratie ein Zeichen von Glaubwürdigkeit.

Trotz der unübersehbaren Bedrohung unserer Gesellschaft durch Fanatismus und Extremismus dürfen Kommunikation und Dialog nicht unmöglich gemacht werden. Die Regierung von Baden-Württemberg hat seit 2003 jedenfalls dem »Interreligiösen Dialog« auch im Regierungshandeln einen wichtigen Platz zugewiesen. Ähnliches gilt für die Bundesregierung. Gegenseitiges Verständnis, Abbau von Berührungsängsten, Begegnungen und zwar auch interkulturell und international, sind hier das besondere Ziel, welches letztlich darauf gerichtet ist, als Bündnis für Demokratie und gegen Extremismus, Ausbeutung und Gewalt zu wirken. Ein Testfall für die Glaubwürdigkeit ist dabei die Behandlung von Minderheiten im jeweiligen Einflussbereich.

12. Die weitere Entwicklung des Psychomarktes ist offen

Von Bedeutung sind so politische Dokumente, in denen deutlich gemacht wird, dass sog. Sekten und Psychogruppen durchaus auch Institutionen sein können, die unsere Demokratie bedrohen und sich bestimmter Methoden bedienen, die für eine neue Form von Extremismus und für ein aggressives, totalitäres Agieren typisch sind. Als gutes Beispiel sei hier die Plenardebatte vom 10. Dezember 2003 im Landtag von Baden-Württemberg (Plenarprotokoll 13/56, S. 3980 ff.) genannt. Beeindruckend ist in diesem Dokument das einmütige Votum der demokratischen Parteien hinsichtlich der Gefährlichkeit von Scientology.

Mit großer Aufmerksamkeit und Besonnenheit ist seitens des Staates auf die ganz bewusste Provokation von einzelnen Gruppierungen zu reagieren, wenn diese, wie die Scientology-Organisation unter Berufung auf ihre angebliche Religionseigenschaft ihre Propagandafeldzüge führen. Vieles spricht dafür, auf die mit außerordentlicher Intensität betriebene Öffentlichkeitsarbeit der sog. Sekten und Psychogruppen sowie Scientology nicht mit heftigen Gegenattacken zu antworten. Gewarnt werden muss aber auch vor Kolportagen, dass ein abnehmendes Propagandawirken der Gruppierungen nach außen gleichbedeutend dafür sei, dass die Gefährdungspotentiale der einschlägigen Gruppierungen abgenommen hätten.

Was den Prozess der Identitätssuche gerade auch durch Jugendliche anbelangt, ist damit zu rechnen, dass dieser sich zunehmend konfliktverstärkend vollzieht. Trägern sinnstiftender, identitätsbildender Angebote kommt damit gegenüber ihren »Kunden« eine besondere Pflicht und Verantwortung zu, die über das hinausgeht, was der Gesetzgeber sagt, was die

Rechtspflicht fordert, was zumindest getan oder unterlassen werden muss. Für die Praxis sollte es grundsätzlich dem »Kunden« möglich sein, die eingegangenen Verpflichtungen für die Zukunft – wenn auch unter Beachtung gewisser Kündigungsfristen – zu lösen. Jedoch muss auch der »Kunde« sich seiner Verpflichtung besinnen, die er gegenüber dem Anbieter entsprechender Angebote eingegangen ist. Nur so wird sich letztlich verhindern lassen, dass Menschen, die mit ihrem familiären und sozialen Umfeld brechen und den totalen Rückzug in die »Gruppe« oder die persönliche Isolierung antreten, einen Kreislauf in Gang setzen, der den Zustand der Ausgegrenztheit stabilisiert und so die Gefahr besteht, diese Menschen in ein regelrechtes »Identitätsloch« münden zu lassen.

Die Auseinandersetzungen mit dem modernen Religionspluralismus befindet sich erst am Anfang und wird mit Bestimmtheit unser 21. Jahrhundert kennzeichnen. Synkretistische Bestrebungen werden zunehmen. Ängste können zu falschen Abgrenzungen verleiten, aber auch zu unangebrachten Umarmungsstrategien und zur Scheu vor Auseinandersetzungen. Hier hat der Staat eine besondere Verantwortung. Der Bürger verlangt: klare Informationen, Schutz vor Ausbeutung und kriminellen Praktiken. Und die Jugendlichen: Sie wollen klare Perspektiven und glaubwürdige Antworten der Erwachsenen. Das sind die Stichworte, die gegen pseudoreligiöse Manipulation und destruktive Kulte helfen.

Literatur

BUNDESMINISTERIUM FÜR FAMILIE, SENIOREN, FRAUEN UND JUGEND: Abschlussbericht des Trägers zum Modellprojekt des Bundesministeriums für Familie, Senioren, Frauen und Jugend zum Thema Prävention im Bereich der »So genannten Sekten und Psychogruppen«, Berlin 2004.

CARLHOFF, HANS-WERNER: Täuschung und Einschüchterung als Taktik – Die Scientology-Organisation und ihre PR-Praktiken, in SchulVerwaltung B.-W. 5/98, S. 116 ff.

CARLHOFF, HANS-WERNER: Handreichungen für den Umgang mit sog. Sekten und Psychogruppen, in BRINKMANN, WILHELM/KRÜGER, ANTJE (Hrsg.): Kinder- und Jugendschutz, Kognos-Verlag, Stadtbergen 1998.

CARLHOFF, HANS-WERNER/WITTEMANN, PETER (Hrsg.): Neue Wege zum Glück? Psychokulte – Neue Heilslehren – Jugendsekten, Aktion Jugendschutz, Landesarbeitsstellen Baden-Württemberg, Stuttgart 1994.

DEUTSCHER BUNDESTAG: Neue religiöse und ideologische Gemeinschaften und Psychogruppen in der Bundesrepublik Deutschland. Endbericht der Enquete-Kommission »Sogenannte Sekten und Psychogruppen«, Bonn 1998.

DEUTSCHER BUNDESTAG: Neue religiöse und ideologische Gemeinschaften und Psychogruppen. Forschungsprojekte und Gutachten der Enquete-Kommission »Sogenannte Sekten und Psychogruppen«, Hoheneck, Hamm 1998.

KÜFNER, HEINRICH/NEDOPIL, NORBERT/SCHÖCH, HEINZ (Hrsg.): Gesundheitliche und rechtliche Risiken bei Scientology. Eine Untersuchung psychologischer Beeinflussungstechniken bei Scientology, Landmark und der Behandlung von Drogenabhängigen, Pabst Science Publishers, Lengerich 2002.

LANDESAMT FÜR VERFASSUNGSSCHUTZ BADEN-WÜRTTEMBERG: Die »Scientology-Organisation« SO, Stuttgart 2004.

SCHMID, GEORG/SCHMID GEORG OTTO (Hrsg.): Kirchen – Sekten – Religionen. Religiöse Gemeinschaften, weltanschauliche Gruppierungen und Psycho-Organisationen im deutschen Sprachraum. Ein Handbuch. TVZ (Theologischer Verlag Zürich), Zürich 2003.

THALER SINGER, MARGARET/LALICH, JANJA: Sekten – Wie Menschen ihre Freiheit verlieren und wiedergewinnen können, Carl-Auer-Systeme, Verl. und Verl.-Buchh., Heidelberg 1997.

VOLTZ, TOM: Scientology und (k)ein Ende. Walter-Verlag, Solothurn und Düsseldorf 1995.

Neue religiöse Gruppierungen, »Sekten« und Psychogruppen. Ein Überblick

Hansjörg Hemminger

1. Religiöser Markt und religiöse Intensivgruppen in der säkularen Kultur der Gegenwart

Der Ort der Religion in unserer Gesellschaft

In der Nachkriegszeit um 1950 gehörten 92 % der Bürger der alten BRD zu den beiden großen Kirchen. Im Jahr 1991 nach der Wiedervereinigung Deutschlands waren es noch rund 75 % in der neuen BRD, obwohl die stark entkirchlichten Regionen des Ostens dazu kamen. Viele Leute in kirchenleitenden Positionen hofften danach auf eine Trendwende im deutschen Osten, die jedoch ausblieb. Im Gegenteil breitete sich die Entkirchlichung von Osten nach Westen aus, und bis 1997 war der Anteil der großen Kirchen an der Bevölkerung auf 68 % abgesunken. Die neuesten Zahlen von 2001 weisen noch einen Anteil von gut 64 % aus, mit einer fast genauen Gleichverteilung zwischen evangelischer und katholischer Kirche von je 32 % oder je rund 27 Millionen Mitgliedern. Ein erheblicher Anteil dieses Rückgangs geht nicht auf Austritte zurück, sondern auf die demoskopischen Verschiebungen, sprich auf die größere Zahl von Todesfällen gegenüber Geburten und Taufen. Bei den Austritten fallen zahlenmäßig fast nur die religiös unverbindlich lebenden Mitglieder ins Gewicht. Fast alle Ausgetretenen leben danach ohne feste religiöse Zugehörigkeit. Mitglieder der Kerngemeinden gehen zwar ebenfalls verloren, wenn auch in vergleichsweise geringer Zahl. Ihr Verlust schlägt nicht quantitativ zu Buche, sondern im kirchlichen Leben, in dem die Abwanderung engagierter Mitarbeiterinnen und Mitarbeiter sehr belastend sein kann. Die großen Kirchen werden also nicht von religiösen Konkurrenten verdrängt: Alle anderen religiösen Bindungen, die sich statistisch erfassen lassen, summieren sich zu höchstens 5 % der Bevölkerung. Diese Zahl umfasst dazu hin noch einen Teil des engagierten protestantischen Milieus, nämlich die Mitglieder von Freikirchen. Die etablierten Freikirchen, von denen es Mitgliederzahlen gibt, wachsen ebenfalls nicht, das heißt sie profitieren keineswegs vom Auszug aus den Volkskirchen. Selbst die größte christliche Sondergemeinschaft, die Neuapostolische Kirche, hat in Deutschland kein Wachstum zu verzeichnen. Zieht man Freikirchen und NAK ab, verbleiben noch gut 4 % der Bevölkerung für alle anderen organisierten Religionsgemeinschaften und die so genannten Sekten. Davon stellt der Islam als Einwanderer-Religion mit wenigen deutschstämmigen Mitgliedern allein über 3 %. Für die ganze Vielzahl der Sondergemeinschaften (ohne Neuapostolische Kirche) und radikalen, gesellschaftlich randständigen Gruppen bleiben also weniger als 1 % der Bevölkerung. Dem gegenüber sind mindestens 27 % der deutschen Bevölkerung, heute eher 30 %, in keiner Form religiös gebunden. Sie sind (ein im Osten üblicher, aber missverständlicher, Ausdruck) konfessionslos und erfüllen ihre spirituellen Bedürfnisse – wenn überhaupt – außerhalb von organisierten Gemeinschaften

Spiritualisierung der Säkularität, Säkularisierung des Christentums

Lange Zeit war man in der Soziologie der Ansicht, die Säkularisierung würde eine religionslose Kultur entstehen lassen. Inzwischen wissen wir aus der tatsächlichen Entwicklung, dass dies nicht ganz stimmt. Die Modernisierung der Gesellschaft führt zwar zur Erosion religiöser Institutionen, aber auch zu neuen Formen religiöser Angebote und religiöser Lebenserfahrungen. Hauptkonkurrent der großen Kirchen auf dem Sinnmarkt der Gesamtgesellschaft ist zwar der moderne Säkularismus, im Westen vor allem in der Form religiöser Indifferenz, im Osten auch in der Form einer ideologischen Ablehnung von Religion. Alle religiösen Angebote, die Weltreligionen Buddhismus, Islam und Hinduismus, auch die kleineren Religionen wie die Bahai und Voodoo, sogar die Esoterik-Bewegung und zahllose sektiererische Gruppen und Splittergruppen, spielen als Konkurrenz der Kirchen jedoch quantitativ nur eine Nebenrolle. Die so genannten Sekten und Psychogruppen sind für die Kirchen nicht als Konkurrenz auf dem Sinn-Markt bedeutsam, sondern als seelsorgerliches und diakonisches Problemfeld.[1] Ebenso erscheint der Buddhismus in den Medien als attraktive Religion. Der Dalai Lama als wichtigster Werbeträger des Buddhismus erteilte 2003 »Ratschläge des Herzens« in der Bild-Zeitung und legte 2004 mit weiteren Lebensweisheiten nach. Rund 30 % der Deutschen halten ihn nach einer Umfrage für den weisesten lebenden Menschen. Attraktiv ist der Buddhismus also sehr wohl, aber nicht in erster Linie als Religion, sondern als weltliche Sinnquelle und Lebenshilfe. Den vielen Millionen Buddhismus-Fans in Deutschland stehen 100 000 praktizierende deutsche Buddhisten gegenüber, die großenteils in der DBU (deutsche buddhistische Union) organisiert sind. Zum Vergleich: Jehovas Zeugen haben mindestens 130 000 Mitglieder in Deutschland, die Neuapostolische Kirche knapp 400 000. Die positive Bewertung des Buddhismus ist für die Mehrheit der gebildeten Mitbürger eher ein Ausdruck des Säkularismus als seine Überwindung. Und die Esoterik-Bewegung hat die religiöse Unverbindlichkeit geradezu im Programm. Beides, die Buddhismus-Begeisterung und die Esoterik-Bewegung, bieten die Möglichkeit eines unreligiösen Lebens mit spiritueller Ausrichtung. Man gehört keiner Religion verbindlich an, kann aber trotzdem seine spirituellen Bedürfnisse befriedigen, auch das nach Lebenssicherung für den Ernstfall. Eine »Minderheit in der Mehrheit« der unverbindlich-säkular lebenden Menschen findet dieses Angebot attraktiv, quantitativ handelt es sich wohl um 2 bis 3 Millionen Menschen.[2] Neureligiöse Splittergruppen und Psychogruppen entstehen vor allem aus diesem gleichzeitig spirituellen und säkularen Umfeld heraus. Hauptpunkt der Anknüpfung und der Werbung ist die Lebenshilfe, vor allem die Sehnsucht

---

[1] Gerhard Besier, der 2003 neu ernannte Direktor des Hannah-Arendt-Instituts für Totalitarismus-Forschung, wird nicht müde, die evangelische Kirche als Organisation zu verleumden, die sich gegenüber kleinerer Konkurrenz unlauterer Mittel des Wettbewerbs bedient, z. B.: Kampf ums Religionsmonopol, Die Welt 5. 8. 2003 . Dieser Vorwurf ist ein Mittel der politischen Kriegführung des konservativen Professors gegen die ihm wegen ihrer überwiegend politisch progressiven Leitungen verhasste evangelische Kirche, die er zugunsten von »amerikanischen Verhältnissen« gerne als gesellschaftliche Kraft abschaffen würde. Es ist ihm gelungen, einen rechtskonservativen Klüngel zorniger alter Männer um sich zu scharen, der dieses Ziel mit ihm zusammen verfolgt, darunter der ehemalige Verteidigungsminister Hans Apel, der emeritierte Staatsrechtler Martin Kriele und wenige andere.

[2] Man kann diesen Sachverhalt auch so beschreiben, dass man von einem eigenen Markt spricht, auf dem Religion in ganz anders organisierter Form angeboten wird als traditionell vorgegeben. In dieser Begrifflichkeit wäre der Markt für Esoterik und »Buddhismus light« nicht ein säkulares Milieu mit besonderen Prägungen, sondern ein neues und anderes religiöses Milieu.

nach Gesundheit. Auch die Suche nach Autorität und Lebensorientierung findet dort ihr Ziel, wo immer wieder neue Guru-Figuren Erleuchtung und tiefe kosmische Weisheit beanspruchen. Gleichzeitig wächst auch die Zahl der christlichen Splittergruppen – meist in Form unabhängiger fundamentalistischer und pfingstlerischer Gemeinden – die ähnliche moderne Bedürfnisse bedienen und ihre Attraktivität aus einer Kombination von Wundererwartung und moralischer Rigidität beziehen.

Wie wird religiöse Plausibilität konstruiert?

Vor kurzem korrespondierte unsere Arbeitsstelle mit einem Mitglied der Biblischen Glaubensgemeinde Stuttgart, einer mit ca. 3000 Mitgliedern großen, autonomen[3] neupfingstlerischen Gemeinde. Der Gesprächspartner – er sei hier Müller genannt – begründete seinen Austritt aus der evangelischen Landeskirche und schilderte die aus seiner Sicht positiven Seiten der BGG. Seine Argumente lassen sich in zwei Richtungen bündeln: Zum einen nimmt Herr Müller Anstoß daran, dass die Landeskirche im Fernsehen keine klaren christlichen Positionen vertritt, sondern (neben einer Verkündigung, die er anerkennt) liberalen Aufweichungen und Kompromissen mit dem Zeitgeist Raum gibt. Zum zweiten berichtet Herr Müller, dass die zentralen Gottesdienste der BGG, zu denen bis zu 2000 Menschen aus dem Großraum Stuttgart zusammen kommen, eindrücklichere und modernere Erfahrungen des Glaubens vermittelten als die kirchlichen Gottesdienste. In der Tat werden diese »Celebrations« mit hohem Aufwand inszeniert und bieten einen wirkungsvollen Rahmen für die erlebnisdichte Pfingstfrömmigkeit. Sie sind aber keine Gemeindegottesdienste im traditionellen Sinn, sondern Zentralgottesdienste einer Regionalkirche, die nur durch die Mobilität der modernen Gesellschaft möglich werden. Das ist Herrn Müller bewusst. Aber aus seiner Sicht sollte sich die Kirche in einem Ballungsraum heute so organisieren wie die BGG.

Auch die auf den ersten Blick entschieden christliche Haltung von Herrn Müller ist ein Ausdruck des Säkularismus. Man beachte, aus welchen Wahrnehmungen er die für ihn gültige Wirklichkeit der Kirche konstruiert, nämlich aus Wahrnehmungen der Qualität der eigenen emotionalen oder geistlichen Erlebnisse, und der Selbstdarstellung der Kirchen in den Massenmedien. Aspekte von Religion und Kirche, die früher (und in anderen Kulturen) entscheidende Bedeutung hatten und haben, spielen für ihn keine Rolle. Ob die Kirche neben der Gesellschaft her in einem kulturellen Ghetto lebt (was die BGG partiell tut) oder ob sie die Gesellschaft mit vielfältigen Wegen durchdringt, ist unwesentlich – obwohl sich herausstellte, dass seine eigenen Kinder an der Vermittlungsleistung der Landeskirche partizipieren. Pauschal von der Bedeutung »eigener Erfahrungen« für Herrn Müller zu sprechen, wäre irreführend. Nur bestimmte Erfahrungen werden für ihn wirksam, nämlich diejenigen, die seine eigene Erlebnisqualität bestimmen. Die Celebrations der BGG erlebt er positiv, die für ihn peinlichen Medienpräsenz der Kirchen negativ. Die soziale Erfahrung, dass die 12 Jahre alte Tochter in einer evangelischen Jungschar gut aufgehoben ist, und dass die Freundin aus einem unreligiösen Elternhaus dorthin selbstverständlich mitgehen darf – nicht jedoch zu den Royal Rangers von der BGG – hat in der Lebenswelt einer Großstadt durchaus ihre Eindringlichkeit. Auch die Erfahrung, dass die Großmutter in einer Krankheit auf die Hilfe der kirchlichen Sozialstation zurückgreifen konnte, hat hohe Relevanz – außer für die Wahrnehmung der Kirche. Die Schlussfolgerung, dass eine niederschwellige, flächendeckende Jugendarbeit und ein ausgebauter diakonischer Service nur von einer Volkskirche geleistet werden können, die man unterstützen sollte, wird nicht gezogen. Herr Müller unterstützt die Gruppe, die ihm die höchste Erlebnisqualität bietet. Damit ist er typisch für die Motive, die religiöse und weltanschauliche Entscheidungen derzeit bestimmen.

Private Spiritualität und öffentliche Gleichgültigkeit

Durch die Säkularisierung als gesellschaftlicher Wandlungsprozess und durch die subjektive, erlebnishafte Wahrnehmung von Religion verschwindet sie nicht, ein Teil der Bevölkerung bleibt religiös ansprechbar. Man kann jedoch von einer Bewegung von der Theozentrik zur Anthropozentrik sprechen: Nicht Gott, nicht das Ewige und Absolute, nicht die Wahrheit oder das Heil stehen im Zentrum des Glaubens, sondern der Mensch und das menschliche Ich. Die moderne Esoterik-Bewegung und die zahlreichen Psychogruppen kommen dieser Haltung entgegen. Der Tantra-Yoga dient ihnen zum Beispiel nicht mehr dem Streben nach Moksha, nach der Befreiung vom Rad des Daseins, wie in traditionellen Hinduismus. Tantra wird zur Technik, um das »Feuer im Bauch« anzufachen – so eine Äußerung westlicher Tantra-Lehrerinnen. Erotik- und Körpergefühle spiritueller Erlebnissucher werden mit dem religiösen Blasebalg aus Indien heller und heißer. Aber auch die christliche Frömmigkeit der unabhängigen Gemeinden ist anthropozentrisch, verglichen mit der kirchlichen Tradition. Das gilt für den protestantischen Fundamentalismus ebenso wie für den Rechtskatholizismus und die Pfingstfrömmigkeit.

Der Wandel lässt sich an vier Stichworten festmachen:
– Subjektivierung von Religion
– Privatisierung von Religion
– Enttraditionalisierung von Religion
– Individualisierung von Religion

Subjektivierung bedeutet, dass das Weltbild und die Lebensentwürfe einer Religion oder einer Ideologie nicht mehr als objektive, vorgegebene Sachverhalte wahrgenommen werden. Vielmehr wird beides als ein Zustand der eigenen Innerlichkeit wahrgenommen, so dass eine Wahrheit dadurch subjektive Wirklichkeit für einen Menschen wird, dass er ihr zustimmt. Es erfordert spezielle Anstrengungen, zum Beispiel den Rückzug in ein abgeschlossenes religiöses Milieu, um in der säkularen Gesellschaft eine weltanschauliche Wahrheit wieder zu objektivieren. Viele unabhängigen Gemeinden verstehen sich als ein solches weltabgewandtes Milieu.

Privatisierung bedeutet, dass religiöse und ideologische Geltungsansprüche aus dem öffentlichen Raum verdrängt werden. Religiöse Erfahrungen macht man nicht mehr im Berufsalltag, in der Politik, bei der Beschäftigung mit Angelegenheiten der Kommune usw., sondern nur in besonderen Milieus. Diese muss man speziell aufsuchen, man muss sich für sie entscheiden. Eine Ausnahme bildet in der Bundesrepublik zum Beispiel der kirchliche Religionsunterricht, der immer noch (obwohl darum politisch gerungen wird) im öffentlichen Raum der Schule stattfindet. Andere Ausnahmen sind die Militärseelsorge und die theologischen Fakultäten an den Universitäten. Trotzdem gibt es für die meisten Menschen heute nicht eine religiöse Plausibilität sondern mehrere, zwischen denen man sich entscheiden muss. Dies führt zu einer »Wahl-Religiosität« im Lebenslauf, d. h. die eigene religiöse Haltung beruht auf einer eigenen Entscheidung. In der Esoterik-Bewegung ist es durchaus üblich, zwischen (auch intellektuell widersprüchlichen) Positionen zu wechseln.

Enttraditionalisierung bedeutet, dass in der säkularen Gesellschaft die traditionellen Wege religiöser Sozialisation immer weniger greifen: Familie, Schule, kirchliche Institutionen wie Firmung, Konfirmation (s. u.). Sie verschwinden nicht, aber sie werden weniger »flächendeckend« wirksam. In den neuen Bundesländern ist eine religiöse »Fremdsozialisation« die Ausnahme geworden. Dadurch schwinden Kenntnisse, d.h. auch das Wissen um das, was die Religionen denken und lehren, verliert sich. Über ein Drittel der Deutschen ist zum Beispiel heute nicht mehr imstande zu erklären, was Ostern mit dem christlichen Glauben zu tun hat. Im Osten liegt dieser Prozentsatz noch viel höher. Dafür entstehen »bekehrungsförmige« Wege weltanschaulicher Selbst-Sozialisation: Man sucht auf dem Markt der Lebenshelfer und Sinnanbieter etwas Passendes, und schreitet von dort aus evt. weiter fort, um mehr über die Weltanschauung zu lernen oder zu erleben. Oder man schreitet eben nicht fort, man verhält sich auf Dauer als ein spiritueller Konsument.

Die *Individualisierung* aller Lebensverhältnisse, d. h. der Abbau fester sozialer Beziehungen zugunsten wechselnder, funktionaler Beziehungen, trifft auch die Religion und die Ideologien. Sie macht es leicht, evtl. sogar erst möglich, sich als Kunde auf einem weltanschaulichen Markt zu verhalten. Dadurch eröffnet sich dem Menschen eine Vielfalt von Optionen weit über die traditionellen Lebenswelten der Kirchen hinaus. Letztere bleiben bestehen, aber die anderen Optionen treten neben sie und werden immer selbstverständlicher. Die individuelle Wahlreligiosität führt nicht zu einer Weltanschauung ohne Gemeinschaft. Das ist nur bei den wenigen der Fall, die über Jahre von Gruppe zu Gruppe wechseln und sich nie wirklich binden. Individuelle Wahl heißt aber, dass der einzelne Mensch den Schritt tun muss, sich in eine Plausibilitätsstruktur hineinzubegeben, und zwar aufgrund dessen, was ihn anspricht. Damit nimmt der Mensch auch Inplausibilitäten in Kauf. Man wird zum Anhänger Andrew Terkers, weil einem bestimmte Punkte der Lehre oder des Lebens besonders wichtig und plausibel sind, vielleicht die Polemik gegen die Herkunftsfamilie. Dafür nimmt man Dinge in Kauf, die einem (zumindest zu Anfang) unplausibel sind, zum Beispiel der Anspruch, Terker sei bereits erleuchtet. Auch in der modernen Welt kann man seine Weltanschauung nicht »selbst basteln«. Man bleibt auf ein Milieu und eine Gemeinschaft angewiesen, deren Angebot man übernimmt. Aber man kann sich, ja man muss sich sogar, für sie entscheiden. Damit ist eine immer weitere Ausdifferenzierung der religiösen Landschaft vorprogrammiert.

Der Sinn-Markt und die Sinn-Monaden

Die moderne Säkularität führt demnach sowohl zu weltanschaulicher Indifferenz bei der Mehrheit der Bevölkerung, und gerade dadurch zu neuen Formen von Religion und Ideologie für eine Minderheit, zur Abgrenzung und »Insulation« von kleinen Gemeinschaften bis hin zum Fanatismus sektenhafter Gruppierungen. Die gleichgültige Mehrheit ist das notwendige Habitat sowohl für die Vermarktung von Ideologie und Religion, als auch für die neuen Sonder- und Psychogruppen, die von den Defiziten der Hauptgesellschaft profitieren. Ein Sinn-Markt bedient Sinnbedürfnisse von monadenhaft um sich selbst bekümmerten Konsumenten, und gegenkulturelle Bekenntnisgemeinschaften sammeln sich um weltanschauliche Autoritäten aller Art. Beides ist der gesellschaftlichen Majorität gleichgültig. Daher lohnt es sich, den Begriff »religiöse Indifferenz« näher zu charakterisieren: Indifferenz bedeutet hier nicht Atheismus oder Agnostizismus, die große Mehrheit der Menschen bleibt religiös eher unentschieden. Der Begriff bedeutet, dass die Religion (oder alle Religionen) im Zustand einer Option bleibt, die man derzeit nicht in Anspruch nimmt. Das gilt solange, als der Alltag genug Sinn aus sich selbst heraus setzt, weil das Leben gelingt, weil es gut ist und keinen allzu großen Leidensdruck erzeugt. Von der Haltung religiöser Indifferenz aus sind die religiösen Angebote subsidiäre Angebote, sie treten an den Grenzen des Alltags ein, wenn dieser nicht mehr gelingt. Das heißt, dass es sich gerade in der religiös gleichgültigen Gesellschaft in Problemsituationen anbietet, sich auf dem Sinnmarkt umzutun – wie man sich auf dem Gesundheitsmarkt erst dann bewegt, wenn man krank wird. Ebenso werden sich meist erst in Problem- und Krisenerfahrungen religiöse Umbrüche und Lebenswenden ergeben. Radikale Hinwendungen zur Religion, zu einer Ideologie, oder zu einer stützenden Autorität, sind mögliche Mittel, gegen unerträgliche Lebensverhältnisse Protest einzulegen.

Von daher lässt sich immer wieder beobachten, dass gerade die inselhaften Kleingruppen seelisch und sozial belastete Personen anziehen. Das gilt auch für unabhängige christliche Gemeinden. Auf der einen Seite gibt die Flucht auf die weltanschauliche Insel den Menschen Verstehensmöglichkeiten für ihre Randstellung bzw. ihre Nöte, die entlastend wirken. Oft gewährt die Gemeinschaft auch Hilfen, die es sonst nicht gäbe. Auf der anderen Seite schreiben die Gruppen das Problem aber auch fest, da die Menschen im Vertrauen auf spirituelle oder magische Hilfen nicht bereit sind, an den psychischen oder sozialen Ursachen des Problems zu arbeiten. Auch die Spannungen zur Umwelt werden oft verstärkt. Ähnliche ambivalente Effekte kennen wir von Immigranten aus religiös geprägten Kulturen, die eine »Privatisierung« von Religion nicht verstehen können. Auch sie können durch religiösen Rigorismus auf der einen Seite ihre kulturelle Identität schützen, auf der anderen Seite verstärken sie Spannungen zur Umwelt. In diesen Fällen nimmt oft erst die zweite Generation die Aufgabe der Integration in die moderne Kultur in Angriff.

In Spannung zur Umwelt leben

Ab wann kann man neue religiöse oder ideologische Gruppen als problematisch oder als konfliktträchtig, als radikal oder extrem bezeichnen? Das hängt offenkundig vom eigenen Erkenntnisinteresse der Fragesteller ab. Ein systematischer Theologe wird bei der Neuapostolischen Kirche das Amtsverständnis extrem finden. Ein Kultursoziologe wird das soziale Verhalten von Mitgliedern der NAK im Beruf nicht als extrem einstufen. Für die Diskussion in der Öffentlichkeit eignet sich am ehesten eine soziologische Fragestellung, die von der Spannung zur Umwelt ausgeht, mit und in der die Gruppe lebt. Warum dies so ist, wurde im Abschlussbericht der Enquete-Kommission des 13. Deutschen Bundestages »Sogenannte Sekten und Psychogruppen« ausführlich begründet. Vor allem geht es aus dieser Perspektive nicht in erster Linie um Lehrinhalte und Visionen, sondern um das konkrete Handeln Einzelner und einer Gemeinschaft. Dabei muss jede Gruppe für sich betrachtet werden, jede entwickelt ihre eigene Glaubens- und Lebensweise. Wenn politischer Handlungsbedarf besteht oder die Rechtspflege gefordert ist, müssen sich die Maßnahmen am tatsächlichen Verhalten orientieren, das bekanntlich extremer sein kann als die Theorie – aber eben auch weit weniger extrem. Es gibt die verbale Verschleierung des eigenen Tuns ebenso wie Verbal-radikalismus. Wodurch eine hohe Spannung zur Umwelt zustande kommt, ist mit alle dem noch nicht gesagt. Eine Minderheit kann von der Mehrheit kulturell an den Rand gedrängt werden, oder sie kann sich selbst marginalisieren, um ihren Fanatismus zu rechtfertigen. Oft bringt der eine Vorgang den anderen in Gang, und sie verstärken sich gegenseitig. Von daher liegt es nahe, den Grad der Radikalität oder der Konfliktträchtigkeit einer Gruppe an ihren Beziehungsgestalten abzulesen. Auch dazu enthält der Bericht der o. g. Kommission ausführliche Hinweise; im Zwischenbericht vom 1997 noch mehr als im Abschlussbericht.

Ohne die Systematik näher auszuführen, soll auf eine mögliche Fragestruktur verwiesen werden: Zuerst sind die Außenbeziehungen einer Gemeinschaft zu untersuchen. Gibt es ein ausgeprägtes Schwarz-Weiß-Denken bei der Beurteilung der Außenwelt? Gibt es eine »doppelte Wahrheit« für den Gebrach innen und außen? Wie wird mit Kritik von außen umgegangen, wie mit Kritikern? Wie sehen die Erfahrungen mit der Rechtstreue der Gruppe aus? Wie sieht die Beziehung zu ehemaligen Mitgliedern aus? Die Liste lässt sich fortsetzen. Ebenso bedeutsam sind jedoch die Innenbeziehungen der Gemeinschaft. Dabei geht es um Machtverhältnisse und Machtkontrolle, um den Umgang mit Finanzen, um den Grad des Konsenszwangs in der Gruppe usw. Ist die innere Hierarchie der Gruppe steil oder flach angelegt; können die Mitglieder an Entscheidungen mitwirken? Ist innere Kritik möglich, gibt es gruppenöffentliche Diskussionsprozesse? Wird Angst gemacht vor einer Trennung, oder ist ein Ausstieg ohne Gegenmaßnahmen der Gruppe möglich usw. Ergänzend kann nach dem Lehrinhalt gefragt werden. Der steht zwar häufig nicht in einer direkten Beziehung zum Verhalten, gibt aber doch Menschenbild, Weltbild und Normen vor. Wie wird die Umwelt gesehen, wie sieht die Gruppe sich selbst? Wie sehen die ethischen Vorgaben aus, wie soll mit anderen Mitgliedern und mit Außenstehenden umgegangen werden? Anhand solcher Kriterien kann für jede Gruppe (aber wie gesagt, für jede einzeln) ein realistisches Bild gewonnen werden.

2. Beispiele aus dem Psycho-Markt

Frank Eickermann und das Chateau Amritabha in Ribeauvillé (Elsass)

Eine typische neue »esoterische« Psychogruppe entstand in den letzten Jahren um den Heilpraktiker Frank Eickermann. Zentrum ist Chateau Amritabha im Elsass, das einer Aktiengesellschaft gehört. Es hat einige feste Bewohner, die eine Kommunität auf Zeit bilden. Ansonsten wird es von Seminarbesuchern benutzt, die an der dreistufigen Ausbildung von Frank Eickermann und an anderen Veranstaltungen teilnehmen. Die an einigen Orten entstandenen »Lichtzentren« werden von den ausgebildeten »spirituellen Lehrern« betrieben und stehen dadurch mit Frank Eickermann in Verbindung. Man versteht sich als interreligiös bzw. als »überreligiös«, nicht aber als Religionsgemeinschaft. Frank Eickermann erkennt drei Avatare an: Jesus, Sai Baba, Babaji. Bilder dieser drei Personen (weit überwiegend die letzteren) sind im Haus anzutreffen. Im Garten gibt es Orte mit verschiedener Funktion, die dadurch zu Kraftplätzen wurden, dass Frank Eickermann sie durch Übertragung seiner spirituellen Energie weihte. Neben dem Platz zur Stärkung der Chakren mit den entsprechenden Stationen gibt es den »Platz der göttlichen Mutter«, den »Herzschmerzplatz« und einen weiteren Platz für ein angeblich reinigendes, schamanistisches bzw. hinduistisches Feuerrituale. Die in den Seminaren benutzten Meditationstechniken sind praktisch sehr einfach und auch in der Theorie wenig ausgearbeitet. In den Seminaren würde »Meditation zur Energietransformation« gelehrt. Man könne diese Energie »immer« anzapfen. Im Chateau werden auch spirituelle Heilungen vorgenommen. Es handle sich um »Geistheilung«. Die religiösen Vorstellungen entsprechen dem aus der Esoterik-Bewegung bekannten Muster:

– Alle Religionen sind im Kern eins
– Unpersönliches Gottesbild, Gott als Energie oder Kraft
– Verfügbarkeit dieser Kraft, z. B. der »Jesusenergie«, durch dazu befähigte Personen
– Ein höheres, von Liebe und Licht erfülltes Bewusstsein als Heilsziel
– Die Verwirklichung der eigentlichen, erfüllenden Lebensgestalt als unmittelbares Ziel
– Ich-zentrierte Ethik trotz der Betonung des Liebesgebots
– Optimistisches Menschenbild: Der Mensch ist im Kern gut, und muss zu seiner eigentlichen Lichtnatur zurückfinden, die als göttlich verstanden wird. Dies gelingt durch die Anleitung der Meisterinnen und Meister
– Konflikte mit Behörden und in der Öffentlichkeit gibt es nach den bisherigen Erfahrungen wenig, wohl aber in den Familien. Es kommt oft zur Trennung von Partnern, Kindern usw. Die Gruppe um Frank Eickermann ist in dem inklusivistischen Sinn interreligiös, in dem sich die Esoterik als »Essenz« aller Religionen versteht. Sie hat ideologisierende und vereinnahmende Züge, der Personenkult um den Gründer ist exzessiv. Typisch ist auch, dass solche persönlichen Autoritätsansprüche von Menschen akzeptiert werden, die Wahrheitsansprüche der traditionellen Religionen ablehnen. Anscheinend wird eine personalisierte »Wahrheit« nicht wie eine codifizierte Wahrheit als intolerant erlebt – seltsam angesichts der Tatsache, dass erstere viel mehr in das persönliche Leben eingreift als letztere.

»Art of Living Foundation« in Bad Antogast (Schwarzwald)

Eine ungewöhnliche Form neohinduistischer Lebenshilfe wird durch die »Art of Living Foundation« in Bad Antogast geboten. Es handelt sich um ein ehemaliges Kurhaus, das in zerfallenem Zustand von dem Verein »Die Kunst des Lebens e. V.« erworben und renoviert wurde. Der Verein ist Besitzer und betreibt das Haus als Seminarhaus und Zentrum für ganz Europa mit ca. 120 Betten sowie eine Ayurveda-Praxis. Es gibt zahlreiche Gruppen der AoLF in angeblich 140 Ländern. Der spirituelle Leiter Ravi Shankar selbst hat keine offizielle Funktion in diesem Netzwerk. Er ist praktisch ständig auf Reisen, in Bad Antogast arbeitet er ca. zweimal im Jahr für 10 Tage. Er ist aber der Gründer der international tätigen Organisation und ihr geistiger Anführer. Der Grundkurs (Körperübungen, Atemtechniken zur Meditation, die man nach dem Kurs angeblich allein fortsetzen kann) kostet 250 Euro für vier Abende und ein Wochenende oder für drei ganze Tage. Im Haus gibt es auf freiwilliger Basis ein gemeinsames Programm (morgens Yoga, mittags Meditation, abends Singen). Das Ziel ist nach eigenen Angaben, Menschen zu befähigen, menschliche Werte zu verwirklichen. Es gehe dabei auch um Völkerverständigung. Durch Meditation usw. würde Stress abgebaut, der dem ethischen Handeln im Weg stünde. Die Menschen sollten befähigt werden, selbst auf immer höherem Niveau zu meditieren und so zu ihrer wahren Natur zu finden. »Liebe ist deine wahre Natur« heißt eine Verteilschrift von Ravi Shankar. Es gibt auch konkrete Hilfsprojekte der AoLF, z. B. nach dem 11. September 2001 in New York, aber auch auf sogenannte »Knastprojekte« in den USA, Polen, Indien und Slowenien. Weltanschauliche Konformität wird von den Anhängerinnen und Anhängern allerdings wenig gefordert. Viele sehen Ravi Shankar als spirituellen Lehrer und Meditationsanleiter, nicht als religiösen Führer. Auf der anderen Seite nimmt Ravi Shankar die traditionelle Verehrung des indischen Gurus für sich auch im Westen in Anspruch, und es gibt in seinem Umfeld die bekannte Abhängigkeit vom Guru. Die Schlüsselanhänger der Zimmer in Bad Antogast tragen sein Bild. Druck auf Menschen, die sich von der Gruppe trennen, ist allerdings nicht bekannt. Das Schrifttum von Ravi Shankar zeigt ihn als einen (allerdings stark verwestlichten) Vertreter des Neo-Hinduismus. In der Gruppe herrscht vermutlich kein besonderer ideologischer Druck und Menschen werden nicht aggressiv vereinnahmt.

Pro Genius und European Coaching Association von Bernhard Juchniewicz

Bernhard Juchniewicz ist ein Vertreter der sich wissenschaftlich gebenden modernen Psychoszene. Esoterik kommt bei ihm vor, zum Beispiel in Form von Reiki, spielt aber nur eine Nebenrolle. 1995 wurde ein Werbeblatt großflächig im Düsseldorfer Süden verteilt.

Die Angebotspalette umfasste:
1. Systemische Familienberatung
2. Suchtberatung
3. Partnertraining/Seminar Liebe und Partnerschaft
4. Supervision/Praxisberatung
5. Tiefenentspannungstraining
6. Selbsthypnose
7. Konfliktmanagement
8. Crash-Coaching
9. Positives Denken
10. Meditation
11. Ganzheitliche Integrative Atemtherapie
12. Lebensberatung
13. Reiki, 1. und 2. Grad
14. Hinführung zur Meisterschaft
15. Gesprächsführung
16. Voice-Dialogue
17. Selbsterfahrung

Für Bernhard Juchniewicz selbst wurden folgende Ausbildungen aufgeführt:
1. Systemischer Einzeltherapeut/Familientherapeut
2. Sexualtherapeut
3. Hypnotherapeut
4. ganzheitlicher integrativer Atemtherapeut
5. Meditationslehrer
6. Einzel- und Gruppensupervision
7. psychoanalytisch orientierter Sozialtherapeut
8. staatlich anerkannter Diplom Sozialarbeiter

31

9. Diplompädagoge
10. Fortbildungen in verschiedenen, unter anderem auch alternativen Therapieverfahren, z. B. Provokative Therapie

Einer Internet-Präsentation 1997 war zu entnehmen, dass Juchniewicz unter dem Namen »Pro-Genius, Coaching, Consulting, Visionsmanagement« auftrat. Die Palette der Methoden wurde im Vergleich zu 1995 sogar erweitert. »Beim Pro-Genius-Intensiv-Coaching kommen Methoden aus mehreren wissenschaftlichen Disziplinen zum Einsatz. Neben verschiedenen Gesprächsverfahren sind Videoanalyse, Inszenario und diverse Trainingsmethoden üblich. Sie stammen aus den Bereichen: Professionelles Business- und Management Coaching, Erwachsenenbildung, NLP, Pädagogik, Psychologie, Soziologie, Gruppendynamik, Akquise, Menschenführung, Moderation und Training etc.« Ergänzend zu diesen Methoden wird an anderer Stelle erwähnt: Tiefenentspannung und Regeneration/Vital- und Mentaltraining/ Management & Fitness/Die Fünf Tibeter/Meditation, Atem und Stimme/Sport Coaching/ Psychoenergetische Körperarbeit/Reiki I und II und Reiki-Meisterschaft. Außerdem wird ein Spezialcoaching angeboten, u. a. als »Burnout-Prophylaxe und Workaholic-Prophylaxe/ Mobbing und Bossing-Coaching/Krisenmanagement und Crash-Coaching und vieles mehr. Inzwischen ist Juchniewicz Vorsitzender der European Coaching Association (ECA). Er vertritt eine äußerst optimistische Auffassung in Bezug auf die Persönlichkeitsentwicklung eines Menschen. Es ist von einem »Persönlichkeitspotential« die Rede, das es erfolgreich einzusetzen gelte, von einer »stabilen emotionalen Kraft«, die zur Verfügung stehe, und von Kontakten zu einer Realität, die selbst Risiken und Herausforderungen »souverän durchstehen« ließen. Allerdings wird der Rahmen des Nachvollziehbaren dabei gesprengt: »Sie schaffen Ihre neue Realität!« (Werbeblatt von 1995) »Der Mensch spricht sich selbst in Existenz ... Der Mensch ist genial ...« (Internet-Präsentation vom 1. 1. 1997) »... Der Mensch lernt sich eigenschöpferisch in Existenz zu sprechen ... Der Mensch hat die Möglichkeit, zum Schöpfer seiner neuen Lebensrealität zu werden ...«.(Internet-Präsentation vom 24. 4. 1999) Die Quelle ist im sogenannten »Positiven Denken« (Neugeist-Bewegung) anzunehmen, das davon ausgeht, dass das Bewusstsein der materiellen Welt übergeordnet ist, so dass der Mensch durch seine Gedanken sein Schicksal bestimmt. Die Werbe- und Arbeitsweise von Pro-Genius entspricht nach alle dem nicht fachlichen Erfordernissen.

Andrew Terker und der angebliche sexuelle Missbrauch

Wenn überhaupt möglich, übertrifft der (zahlenmäßig nur wenig erfolgreiche) esoterische Meister Andrew Terker selbst Frank Eickermann mit seinen religiösen Ansprüchen. Er verkörpert nach Ansicht seiner Anhängerinnen und Anhänger geradezu alles, was den Kosmos zusammenhält: Liebe, Harmonie, Heilung, Wachstum. Allerdings fällt bei ihm die Betonung sexueller Themen auf, und vor allem der Anspruch, sexuellen Missbrauch bei Frauen therapeutisch aufdecken zu können. Damit steht er nicht allein. Zahllose, oft selbst ernannte, Lebenshelfer reden in zahllosen quacksalberischen Therapien ihren meist weiblichen Klientinnen ein, ihre Lebensprobleme seien auf einen vergessenen und verdrängten sexuellen Missbrauch in der Kindheit zurück zu führen. Die Beratungserfahrung zeigt, dass dadurch sehr viel Leid in Familien hinein getragen wird. Die häufig bereits alten Eltern der angeblichen Opfer sehen sich monströsen Vorwürfen gegenüber, die sogar öffentlich gelten gemacht werden. Es lässt sich kaum eine schlimmere Situation vorstellen als diese, und kaum eine größere Belastung für alle Beteiligten. Damit soll das üble Problem sexuellen Missbrauchs nicht verharmlost werden. Es geht nicht um tatsächlich erlittenen Missbrauch und seine hochtraumatischen Folgen, sondern um angebliche Erinnerungen, die erst in einer Außenseiter-Therapie überhaupt zum Thema werden, und die mehr oder weniger direkt auf suggestive Vorgaben der Therapeuten zurückgehen. Terker verbreitet solche Suggestionen sogar im Internet. Inzwischen befasst sich in Anknüpfung an die gedächtnispsychologische Forschung unter dem Stichwort »false memory syndrome« eine umfangreiche wissenschaftliche Literatur mit eben diesem Problem. Bekannteste Autorin ist die US-Amerikanerin Elisabeth F. Loftus.

3. Ein Überblick: Typen und Zahlen

Radikale neue Gemeinden, Sondergemeinschaften und Psychogruppen

Vom marktförmigen Angebot der Lebenshilfe wollen wir in diesem dritten Teil des Textes absehen und uns auf die geschlossenen religiösen und weltanschaulichen Gruppen konzentrieren. Lässt sich deren unüberschaubare Fülle im Jahr 2004 überhaupt noch gegliedert darstellen und in Typen einteilen? Eine rundum befriedigende Typologie ist nicht möglich. Aber man kann Ordnungsprinzipien finden, die eine Orientierung erleichtern. Nachstehend wird eine religions- und geistesgeschichtliche Einteilung vorgeschlagen, die von den Lehrinhalten und geschichtlichen Herkunft, vor allem dem Alter, der Gruppen ausgeht.

Es gibt mehrere Generationen alte Gemeinschaften aus der christlichen Tradition, die in aggressiver Abkehr von ihren Ursprungskirchen entstanden (Zeugen Jehovas, Neuapostolische Kirche, Lorenzianer, Johanneische Kirche, Siebenten-Tags-Adventisten, Taufgesinnte, geschlossene Brüder oder Darbysten usw.) Zu ihnen gehören neben einigen Kleingruppen als zahlenmäßig immer noch größte Gemeinschaften die so genannten »klassischen Sekten«, die bereits im 19. Jahrhundert entstanden (Neuapostolische Kirche, Jehovas Zeugen). Zur selben Zeit entstanden im Übrigen einige der heutigen Freikirchen: Methodisten, Baptisten, offene Brüdergemeinden usw. Die meisten dieser christlichen und randchristlichen Gruppen haben sich trotz ihrer lehrmäßigen Abgeschlossenheit an die Gesellschaft angepasst oder befinden sich (wie die Neuapostolische Kirche) auf dem Weg dazu. Manche befinden sich sogar auf dem Weg zur ökumenisch orientierten Freikirche, wie die Siebenten-Tags-Adventisten und die »Weltweite Kirche Gottes«. Sie verursachen in der Regel wenig für ihre Glaubenshaltung spezifische Konflikte im Alltag, sondern wenn überhaupt solche, die überall vorkommen können. Manche sind im Inneren konfliktträchtiger als nach außen hin. Es gibt jedoch Ausnahmen wie die Zeugen Jehovas, die ihre Radikalität und ihre Konfliktbereitschaft über ein Jahrhundert lang beibehielten. Zum Beispiel gibt es zahlreiche Konflikte mit Zeugen vor dem Familiengericht, in denen es um das Sorge- bzw. Umgangsrecht für Kinder geht, und in denen ein Elternteil verhindern will, dass die Kinder im Milieu der Zeugen aufwachsen.

Mögliche Bezeichnung: *Traditionelle christliche Sondergemeinschaften*

Radikale Gemeinschaften mit christlichem Hintergrund entstanden auch im 20. Jahrhundert immer wieder neu, und sie entstehen heute noch. Dadurch bildete sich in den letzten

Jahrzehnten eine Fülle von unabhängigen christlichen Gemeinden und Gruppen heraus, die zahlenmäßig die esoterischen und okkulten Gruppen (s. u.) weit übertreffen dürften. Theologisch handelt es sich meist um Gruppen mit protestantisch-fundamentalistischer und/oder pfingstlerischer Ausrichtung, oder mit Sonderlehren. Die Gründer sind oft Personen, die ein entschiedeneres, intensiveres und nach ihren Vorstellungen geordnetes religiöses Leben gegen die größere Kirche durchsetzen wollen, von der sie sich trennen (International Church of Christ, »Zwölf Stämme«, University Bible Fellowship, Kinder Gottes oder »Familie« und viele andere). Man kann von der »Verselbständigung aktiver Glaubenskreise« sprechen, ein Vorgang, der keineswegs immer in Rigorismus und Fanatismus enden muss, es aber doch leider häufig tut. Besonders die neueren Gruppen werden noch von der Gründergestalt geleitet und von Konvertiten geprägt. Sie befinden sich daher oft in einer radikalen Abgrenzungs- und Aufbruchsphase und verursachen Konflikte nicht nur in den Familien, sondern nach außen hin mit Behörden, Angehörigen usw. Ein Extremfall waren (oder sind) die Kinder Gottes, die sich allerdings schon in der zweiten Generation befinden. Es gibt jedoch ebenso viele oder mehr Gruppen, die sich ökumenisch orientieren und sich als Teil der weltweiten Christenheit verstehen.

Mögliche Bezeichnung: *Neue christliche Gruppen und Sondergemeinschaften*

Seit dem 19. Jahrhundert existieren einige heute schon mehrere Generationen alte esoterische und synkretistische Glaubensgemeinschaften (Mormonen, Christliche Wissenschaft, Theosophie, Anthroposophie, Rosenkreuzer, spiritistische Kirchen usw.) Diese traditionellen Gruppen wurden vom Okkultismus des 19. Jahrhunderts bzw. der Neugeist-Bewegung inspiriert und richteten sich weniger gegen die christlichen Kirchen als gegen den Materialismus und den Wissenschaftsglauben ihrer Epoche. Einige versuchen Mischungen von Esoterik und Christentum zu bilden (Mormonen), andere wollen die zeitgemäße Form christlichen Glaubens verkörpern (Christengemeinschaft). Auch sie verursachen nach einem langen Anpassungsprozess in der Regel wenig für ihre Weltanschauung spezifische Konflikte. Einige Bewegungen sind sogar ein Element der bürgerlichen Kultur geworden wie die Anthroposophie in Teilen des Bildungsbürgertums.

Mögliche Bezeichnung: *Traditionelle esoterische Sondergruppen und Bewegungen*

Gruppen und Gemeinschaften mit esoterischem und synkretistischem Hintergrund entstanden im 20. Jahrhundert neu, und sie entstehen derzeit sogar mit großer Dynamik in einer erstaunlichen Vielfalt. Besonders auffällig ist die immer größer werdende Zahl esoterischer Lebenshelfer, die eine eigene Anhängerschaft sammeln (Frank Eickermann, Steed Dölger, Andrew Terker, »Zentrum des Lichts« in Mainz, Miracle of Love und zahllose andere). Auf diesem Feld scheinen die Erfolgschancen für weltanschauliche Fanatiker derzeit besonders groß zu sein. Die älteren und bekannteren Gruppen der so genannten Neuoffenbarer haben dem gegenüber kaum ein Wachstum zu verzeichnen (Universelles Leben, Fiat Lux, Michaelsvereinigung, Gralsbewegung usw.) Aus der Theosophie bildete sich die Universale Kirche heraus, die derzeit durch besondere Radikalität auffällt. Andere – meist kleine – Gruppen sind dem Okkultismus, dem Neuheidentum und dem Satanismus im weiteren Sinn zuzurechnen (Bund für Gotteserkenntnis, Wicca-Bewegung, Armanen-Orden, Thelema Society usw.).Viele dieser Gemeinschaften werden vom »lebenden Meister« und der ersten Generation der Konvertiten geprägt, befinden sich in einer radikalen Aufbruchsphase und verursachen Konflikte nicht nur in den Familien, sondern nach außen hin mit

Behörden, Angehörigen usw. Es gibt jedoch Gruppen wie die Gralsbewegung, die in der Gesellschaft unauffällig mitleben und wenig Konflikte verursachen.

Mögliche Bezeichnung: *Neue esoterische Sondergruppen und Neuoffenbarungs-Bewegungen*

Es gibt ideologische Gruppen ohne eigentlich religiöse Anschauungen, die umgangssprachlich manchmal als Psycho- bzw. Politsekten bezeichnet werden: die Scientology-Organisation, LaRouche-Bewegung mit dem »Bündnis Solidarität«, Bund gegen Anpassung, der inzwischen aufgelöste Verein zur Förderung der psychologischen Menschenkenntnis oder VPM usw. Sie lassen sich von ihrer Ideenwelt her eher mit politischen Extremisten (K-Gruppen, Rechtsradikale) als mit religiösen Splittergruppen vergleichen. Diese Gruppen werden umgangssprachlich (nicht aus theologischer und religionswissenschaftlicher Sicht) manchmal zu den so genannten Sekten gestellt, weil sie im Innern ähnlich organisiert sind und nach außen ähnliche Konflikte verursachen wie radikale religiöse Gruppen. Außerdem entstanden einige zur selben Zeit wie die als nächstes zu nennenden »Jugendreligionen« und wurden daher mit ihnen zusammen eingeordnet. Auch aus der Szene alternativer Psychologie entstehen immer wieder radikale Sondergruppen wie die um die Diplom-Psychologin Fittkau-Garthe, obwohl diese Szene in der Mehrzahl marktorientiert verhält (wie Bernd Juchniewicz) und eher auf Abhängigkeiten zielt, die Gewinn bringen, als auf die Bindung einer Anhängerschaft.

Mögliche Bezeichnung: *Radikale ideologische Gruppen und Bewegungen*

Seit den späten sechziger Jahren gibt es in Europa extreme Gemeinschaften aus anderen Erdteilen mit fremdreligiösen oder mit aus mehreren Religionen gemischten »synkretistischen« Lehren (Hare Krischna, Transzendentale Meditation, Vereinigungskirche des lebenden Messias Mun, Osho/Bhagwan-Bewegung, Soka Gakkai, Brahma Kumaris usw.). Sie wurden wegen ihrer damals jungen Gefolgschaft zusammen mit einigen Psycho- und Politgruppen als »Jugendreligionen« eingestuft. Zum Teil entstanden diese Gruppen wirklich neu, wie die Vereinigungskirche in den fünfziger Jahren in Korea. Zum Teil waren sie nur in unserer Gesellschaft neu, wie die verschiedenen Sant-Mat-Gruppen (z. B. Sant Thakar Singh) aus Nordindien. Hare Krischna (ISKCON), das in den siebziger Jahren als »Jugendreligion« im Westen auftrat, gilt im Herkunftsland Indien als eine von vielen fundamentalistischen Hindu-Sekten, die nur insofern auffällt, als sie den Sprung in den Westen geschafft hat. Der Drang, im wirtschaftlich wohlhabenden Westen Fuß zu fassen, hält auch heute noch an und bringt immer neue »Religionsimporte« hervor, die zum Teil problematisch werden (in neuerer Zeit z. B. das Netzwerk von Sai Baba und der tibetische Buddhismus nach Ole Nydal). Sie wurden und werden teilweise auch auf dem alternativen Lebenshilfe-Markt aktiv, in großem Umfang zum Beispiel TM. Die Radikalität vieler dieser Gruppen wird im Westen durch ihre kulturelle Fremdheit erhöht. Immer wieder kommt es zu Konflikten im Alltag, z. B. durch die unmenschliche Behandlung von Kindern während der Meditation bei Sant Thakar Singh. Trotzdem vertreten diese Gruppen in gewissem Sinn die religiösen Wahrheitsansprüche von Weltreligionen in unserer Gesellschaft. ISKCON sieht sich z. B. selbst als Teil der Hindu-Weltmission usw.

Mögliche Bezeichnung: *Neue östliche und synkretistische Gruppen und Bewegungen*

Demoskopischer Nachtrag

Über die Gesamtzahl der Anhänger und Betroffenen der genannten sechs Typen gibt es kaum zuverlässige Zahlen. Die manchmal genannten 2 Millionen sind (wie bereits zu Anfang gesagt) selbst dann zu hoch, wenn die Mitglieder der großen, klassischen Sekten inbegriffen sind, die in Deutschland mehrere hunderttausend Mitglieder haben, die bei weitem meisten die Neuapostolische Kirche. Ohne die unter der ersten Gruppe aufgeführten klassischen Sekten handelt es sich höchstens um einige weitere hunderttausend Menschen. Die Angabe von ca. 2–3 Millionen wird nur dann plausibel, wenn die große Zahl von Menschen inbegriffen ist, die sich im Milieu der Esoterik, der New-Age-Szene und der sogenannten »freien Spiritualität« bewegen, die aber nicht an eine geschlossene Gruppe gebunden sind. Dass es zwischen Marktverhalten und Gruppenbindung Übergänge gibt, ist selbstverständlich. Trotzdem tritt der größte Teil der Menschen in der Esoterik- und Psychobewegung nie einer sektenhaften Gemeinschaft bei.

Einführungen, allgemeine Literatur

ENQUETE-KOMMISSION DES DEUTSCHEN BUNDESTAGS »SOGENANNTE SEKTEN UND PSYCHOGRUPPEN« (Hrsg.): Neue religiöse und ideologische Gemeinschaften und Psychogruppen – Forschungsprojekte und Gutachten der Enquete-Kommission »Sogenannte Sekten und Psychogruppen«. Hamm 1998.

ENQUETE-KOMMISSION DES DEUTSCHEN BUNDESTAGS »SOGENANNTE SEKTEN UND PSYCHOGRUPPEN« (13. Wahlperiode) Endbericht von 1998 (Drucksache 13/10950), eingesetzt durch Beschluss des Deutschen Bundestages vom 9. Mai 1996; Vertrieb durch Bundesanzeiger Verlagsgesellschaft GmbH Bonn.

ENQUETE-KOMMISSION DES DEUTSCHEN BUNDESTAGS »SOGENANNTE SEKTEN UND PSYCHOGRUPPEN« (13. Wahlperiode) Zwischenbericht von 1997 (Drucksache 13/8170).

EZW: Panorama der neuen Religiosität. Gütersloher Verlagshaus Gütersloh 2000.

FRAAS, HANS-JÜRGEN: Die Religiosität des Menschen – Religionspsychologie. Vandenhoeck und Ruprecht (UTB Taschenbuch) Göttingen 1993.

GROM, BERNHARD: Religionspsychologie. Kösel München 1992.

HEMMINGER, HANSJÖRG: Was ist eine Sekte? Stuttgart/Mainz 1995.

HEMMINGER, HANSJÖRG/KEDEN, JOACHIM: Seele aus zweiter Hand. Quell Stuttgart 1997.

HEMMINGER, HANSJÖRG: Grundwissen Religionspsychologie. Herder Freiburg 2003.

HUTTEN, KURT: Seher, Grübler, Enthusiasten, Stuttgart 6. Auflage 1989.

VELKD (Hg.): Handbuch religiöser Gemeinschaften. Gütersohler Verlagshaus Gütersloh 2000.

Psychogruppen – verfassungsrechtlich betrachtet

Gerhard Robbers

1.

Die Bezeichnung Psychogruppen beschreibt ein soziales Phänomen; sie ist kein verfassungsrechtlicher Begriff. Es handelt sich in der Regel um Vereinigungen, die Zugriff auf die Psyche auf Menschen zu nehmen suchen. Dabei kann das Ziel sein, Krankheit oder Leiden zu mindern, genauso aber auch, Menschen auszunutzen, sie zu beherrschen oder ihnen Gelder abzunötigen. Solche sozialen Phänomene sind nicht zwingend mit Gruppen verbunden, wie der Name Psychogruppen allerdings nahe legt. Dieselben Ziele können auch von einzelnen verfolgt werden, denen regelmäßig dieselben oder ähnliche Methoden zur Verfügung stehen.

Verfassungsrechtlich lässt sich das Phänomen der Psychogruppen regelmäßig unter zwei unterschiedlichen Aspekten betrachten. Manche dieser Gruppen oder Individuen handeln aus religiösen oder weltanschaulichen Motiven. Sie sind dann unter dem Blickwinkel des Art. 4 Abs. 1 GG zu betrachten. Andere berufen sich nicht auf einen solchen religiösen oder weltanschaulichen Hintergrund. Regelmäßig geht es dabei dann primär oder ausschließlich um ökonomischen Gewinn. Verfassungsrechtlich ist dann in der Regel die Berufsfreiheit zugrunde zu legen, die in Art. 12 Abs. 1 GG gewährleistet ist. Die verfassungsrechtliche Betrachtung darf aber nicht nur an diejenigen anknüpfen, die die Initiatoren oder die treibende Kraft hinter solchen Aktivitäten sind. Sie muss auch die Betroffenen im Auge haben. Das sind oft Menschen, die Hilfe suchen, die sich in den Kreis solcher Gruppen oder Anbieter entsprechender Dienste begeben. Häufig suchen sie psychische Hilfe oder körperliche Heilung. Auch ihre Rechtsgüter muss die verfassungsrechtliche Betrachtung angemessen würdigen.

In dieser Lage kann man oft zwischen Tätern und Opfern differenzieren. Nicht selten aber ergibt sich eine schwierigere Lage, ein nur schwer zu entwirrendes soziales Geflecht, bei denen alle Beteiligten mit unterschiedlichem Erfolg Hilfe suchen oder Hilfe geben wollen, in denen jeder auf seine Weise den eigenen Vorteil nachstrebt oder altruistisch anderen zu helfen sucht, mag dies gelingen oder nicht.

2.

Psychologische Beratung kann Ausübung eines Berufes sein. Nach ständiger Rechtsprechung des Bundesverfassungsgerichts ist Beruf jede auf Dauer angelegte, nicht sittenwidrige Tätigkeit, die der Schaffung oder Erhaltung einer Lebensgrundlage zu dienen bestimmt ist. Das wird häufig der Fall sein bei Einzelnen oder Gruppen, die gegen Geld oder gegen sonstige Gegenleistung gewinnorientiert ihre Dienste anbieten, um Menschen aus seelischen Schwierigkeiten zu helfen, über die Psyche physische Leiden zu lindern oder zu heilen suchen oder deren Tätigkeit ganz einfach zur Erfahrungserweiterung oder selbst zur Unterhaltung dient.

Die Wahl und die Ausübung eines Berufes kann vom Staat begrenzt werden. Der Schutz der Allgemeinheit und Einzelner, öffentliche Interessen im Allgemeinen und Besondern können zur Legitimierung von Eingriffen in die Berufsfreiheit dienen. Jedes vernünftige Interesse der Allgemeinheit rechtfertigt Eingriffe in die Freiheit der Berufsausübung. Das vollständige Verbot der Ausübung eines Berufes bedarf zwingender Gründe des Gemeinwohls. Jeder Eingriff muss verhältnismäßig sein. Das heißt, dass jeder Eingriff in die Berufsfreiheit zunächst einen legitimen Zweck erfüllen muss: Er muss darüber hinaus geeignet sein, dieses Ziel zu erreichen. Es darf auch kein gleich geeignetes Mittel geben, das den Betroffenen weniger belastet; der Eingriff muss also erforderlich sein, endlich muss der Eingriff angemessen sein: Die Interessen der Allgemeinheit oder auch von Einzelnen, derentwegen der Eingriff in die Freiheit vorgenommen wird, müssen so gewichtig sein, dass die Begrenzung der Berufsfreiheit des Betroffenen diesem zuzumuten ist.

Bei der Anwendung dieser Grundsätze im konkreten Fall mögen sich Probleme der Einschätzung und Beurteilung der Situation ergeben. Im Allgemeinen sind diese Grundsätze aber bewährt und gefestigt.

3.

Das Phänomen hat oft auch religiöse Zusammenhänge. Das Grundgesetz schützt die Religionsfreiheit in Art. 4 GG. Glauben, Religion und Weltanschauung sind frei. Dabei kommt es nicht darauf an, dass der Glaube sich in den Bahnen herkömmlicher, traditioneller oder großer Religionsgemeinschaften hält. Auch individueller Glaube ist geschützt. Auch neuer, unbekannter Glaube steht unter dem Schutz des Grundgesetzes. Entsprechendes gilt für Religion und Weltanschauung.

Eine allgemein umfassende Definition von Religion hat das deutsche Verfassungsrecht bisher nicht entwickelt. Es kommt wesentlich auf das Selbstverständnis des Gläubigen oder der Religionsgemeinschaft an. Um als Glaube, Religion oder Weltanschauung im Sinne des Art. 4 GG qualifiziert zu werden, müssen sich die Anschauungen allerdings im Rahmen dessen bewegen, was herkömmlich und allgemein als Glaube, Religion oder Weltanschauung angesehen wird. In Grenzfällen hilft das freilich kaum weiter. Es spricht aber vieles dafür, den vom Schutz des Art. 4 GG erfassten Bereich weit zu fassen. Notwendige Eingrenzungen können dann über die Begrenzungen der Glaubensfreiheit nach dem Grundgesetz erfolgen. Damit ist dem Staat die Argumentationslast übertragen, wenn die Rechtsordnung Freiheit einschränkt. Wenn der Staat gute Gründe für die Einschränkung der Glaubens-, Religions- oder Weltanschauungsfreiheit hat – was bei notwendigem Schutz Dritter regelmäßig der Fall sein wird – kann allen Bedürfnissen angemessen Rechnung getragen werden.

Das Grundgesetz schützt nicht nur den Glauben, die Anschauung als solche. Nicht nur das forum internum des Menschen ist geschützt. Vielmehr kann nach ständiger Rechtsprechung des Bundesverfassungsgerichts sich der Glaubende auch seiner Glaubensüberzeugung gemäß verhalten. Die Glaubens-, Religions- und Weltanschauungsfreiheit umfasst auch die Freiheit, sich seinen Überzeugungen gemäß zu verhalten.

Deshalb unterfällt auch das religiöse Heilen dem Schutz der Verfassung. Den Menschen in ihrem Leid zu helfen war und ist stets Anliegen der Religion. Religion kann Halt geben. Religion kann Hoffnung verleihen. In den großen Religionen ist das traditionell erprobt. Es gilt auch für kleine und neue Gemeinschaften und individuelle Überzeugungen.

Religion bietet nicht selten das Außergewöhnliche. Manche Krankheit lässt sich nur mit dem Willen oder der Hoffnung besiegen. Heilungen außerhalb der Schulmedizin mögen selten sein, sie sind nicht ausgeschlossen. Der Staat darf den Menschen nicht ihre Hoffnung nehmen. Das gilt selbst, wenn der Staat diese Hoffnung für abwegig hält. Das gilt auch dann, wenn sich solche Hoffnung nur in den seltensten Fällen erfüllt. Das gilt auch dann, wenn sie sich nie erfüllt. Aber in der Hoffnung liegt bisweilen eine Kraft, die Erstaunliches bewirken kann. Und wenn sie nicht zur Heilung führt, kann sie doch das Unabänderliche menschlicher und erträglicher machen.

Bei alldem gibt es erforderliche Begrenzungen. Hoffnung kann missbraucht werden. Menschen können Menschen ausnutzen. Menschen können von notwendiger und wirksamer Hilfe abgelenkt werden. Der Staat hat eine Schutzpflicht gegenüber seinen Bürgern. Dabei darf er aber das Selbstbestimmungsrecht jedes Einzelnen nicht verletzen. Die Menschen haben auch eine Freiheit zum Falschen. Die Menschen müssen sich auch für das entscheiden dürfen, was ihnen schadet. Das Strafrecht nimmt diese Grundüberzeugung auf, indem es eine medizinische Behandlung gegen den Willen des Patienten als strafbare Körperverletzung qualifiziert, selbst wenn aus Sicht der Allgemeinheit diese Heilbehandlung noch so vernünftig wäre.

Die Glaubens-, Religions- und Weltanschauungsfreiheit wird vom Grundgesetz besonders hoch geschätzt. Sie kann nicht durch bloßes Gesetz eingeschränkt werden. Nur sogenannte verfassungsimmanente Schranken sind zulässig. Beschränkungen der Glaubens-, Religions- und Weltanschauungsfreiheit sind nur zulässig zum Schutz von Gütern, die die Verfassung selbst als schützenswert bezeichnet. Das können Rechte Anderer sein wie Leben, Gesundheit oder Freiheit. Solche verfassungsimmanenten Schutzgüter sind auch die Funktionsfähigkeit des Staates und seiner Einrichtungen oder allgemeine Interessen wie die Volksgesundheit. Bei jeder Beschränkung aufgrund solcher in der Verfassung selbst benannten Schutzgüter muss der besondere Wert der Glaubens-, Religions- und Weltanschauungsfreiheit stets auch zur Geltung kommen. Beide Rechtsgüter müssen angemessen zum Tragen gebracht werden.

Die daraus folgenden Abwägungsprobleme mögen theoretisch komplex sein. In der Praxis ist die Anwendung der Grundsätze nicht besonders schwierig. Dagegen sprechen auch nicht eher seltene Ausnahmefälle wie ein gescheiterter Exorzismus oder Gruppenpsychosen, die zu kollektivem Selbstmord führen können.

Bevor der Staat zu Verboten greift, müssen die Möglichkeiten sachgerechter Aufklärung erschöpft sein. Es ist eine Aufgabe der Rechtsordnung, für die Aufklärung über Gefährdungen Sorge zu tragen. Der Staat kann Warnungen aussprechen. Er kann in Schulen für eine gute Gesundheitserziehung sorgen.

Über allgemeine Aufklärung und Erziehung hinaus kann der Staat die Ausübung der Heilberufe strukturieren und regeln. Er kann und muss Verwechslungsgefahren ausschließen. Es muss deutlich bleiben, was Medizin und was Religion ist.

4.

Hier liegt nicht zuletzt eine Aufgabe der Kirchen. Oft ist es so, dass diejenigen, die den Weg zu obskuren und ausbeuterischen religiösen Gemeinschaften suchen, auf ihrer Suche nach Hilfe oder Sinnstiftung von Anderen alleingelassen oder enttäuscht sind. Hier müssen die großen Religionsgemeinschaften sich selbst kritisch nach Versäumnissen fragen. Die große Erfahrung der Kirchen mit der Not der Menschen kann und muss besser genutzt werden. Menschen in Not kann und muss besser geholfen werden. Der Erfolg des Obskuren ist oft nur möglich durch das Versagen des Traditionellen. All dies ist nur in den seltensten Fällen Sache des Staates. Der Ruf nach dem Staat darf das eigene richtige Handeln nicht überlagern. Die Kirchen müssen die Überzeugungskraft des Richtigen stärken.

Trends, Verfahren und Phänomene auf dem Psychomarkt

Michael Utsch

Zum Begriff

Mit der Bezeichnung »Psychomarkt« ist die Angebotsvielfalt alternativer Lebenshilfe umschrieben, die häufig auch »Psychoszene« – im Anklang an das Milieu einer alternativen Gesellschaftskultur – genannt wird. Die der »Psychoszene« nahen Begriffe Psychosekte, Psychogruppe oder Psychokult sind im internationalen Vergleich einzigartig. In anderen Sprachen kommt die Bewertung »Sekte« in Verbindung mit »Psycho« nicht vor. Angelsächsische Forscher sprechen eher von einer charismatischen Gruppe oder einem destruktiven Kult.

Es scheint eine deutsche Eigenart zu sein, dass hierzulande »Sekten und Psychogruppen« häufig in einem Atemzug genannt werden und der Begriff »Psychosekte« in den einschlägigen Handbüchern über neue religiöse Bewegungen seit gut zwanzig Jahren vorkommt. Dazu hat auch Gerhard Schmidtchens Studie »Sekten und Psychokultur« (Freiburg 1987) beigetragen, die behauptet, Sekten würden ihre Mitglieder über die Teilnahme an Kursen des Psychomarkts werben. Dass Sekten mit ihren Heilsversprechen den alternativen Gesundheitsmarkt gezielt unterwandern, kommt selten vor. Allerdings ist unverkennbar, dass in der Psychoszene zunehmend Sinnfragen thematisiert und religiöse Orientierungskompetenzen vermutet werden (WIRTZ/ZÖBELI 1995, UTSCH 2002).

Der Begriff »Psychosekte« besitzt wenig Aussagekraft, wird doch in allen sektenähnlichen Gruppen oder Kulten mit intensiver »psychotechnischer« Beeinflussung gearbeitet. Eine Gemeinschaftsform als »Psycho-« zu klassifizieren suggeriert, dass dort »seelische Beeinflussung« angeblich besonders ausgeprägt vorkommt. Andere »Sekten«-Merkmale wie Schwarz-Weiß-Denken (Polarisierung), rettendes Konzept, Gruppenzwang oder die Bindung an den Leiter sind jedoch ebenfalls charakteristische Bestandteile konfliktträchtiger Gruppen und entfalten erst in ihrer Kombination die größte Wirkung (HEMMINGER 2003). Es bedeutet zudem eine Abwertung der Psychologie, wenn die Gemeinschaftsform einer »Psycho«-Gruppe mit den Attributen vereinnahmend, manipulativ, totalitär, extremistisch, sektiererisch etc. verknüpft wird. Deshalb sollte man den Begriff möglichst vermeiden.

Der Begriff »Psychomarkt« umreißt einen lockeren Verbund von Selbsterfahrungs- und Gesundheitsangeboten unterschiedlicher weltanschaulicher Herkunft. Diese Angebote fördern insbesondere die Erforschung und Inszenierung individueller Befindlichkeiten sowie die Suche nach dem eigenen Ich (GROSS 1999).

Geschichte

Das psychosoziale Gesundheitssystem ist zu einem Grundbestandteil der westlichen Industrienationen geworden. Neben den kulturstiftenden *Religionen* und den fortschrittsfördernden *Naturwissenschaften* hat sich die *Gesundheitsversorgung* wie »eine dritte Kirche« etabliert (WIRSCHING, 1998, S. 257). Zukunftsforscher prognostizieren einen weiter wachsenden Bedarf auf den Gebieten von Beratung, Supervision, Psychotherapie, Coaching, Mediation, Personalentwicklung, Führungstraining und (Selbst-) Managementschulung.

Die Zunahme von alternativer Gesundheitsvorsorge, Selbsterfahrungskursen und Therapiemethoden wird klassisch als »Psychoboom« bezeichnet (BACH/MOLTER 1976). Er knüpfte an die Protestbewegung der 68er-Generation an, die antrat, mit psychologischen Methoden gesellschaftliche Utopien zu realisieren. Heilen mit Hilfe von übersinnlichen Kräften war schon vor dreißig Jahren so etwas wie der letzte Schrei in der Alternativszene. Obwohl der Begriff Spiritualität damals noch nicht so verbreitet und populär war wie heute, dokumentieren die Seminarinhalte die weltanschauliche Verwurzlung und Ausrichtung der Anbieter. Gemeinsam ist den spirituellen Lebenshilfeangeboten, dass sie mit Hilfe eines klar definierten Weltbildes, spezifischen Glaubensüberzeugungen und davon abgeleiteten Techniken und Ritualen arbeiten und als Sinngeber fungieren (UTSCH 2002). Weil der Verbraucher gezwungen wird, bei zunehmenden Einschränkungen kassenfinanzierter Leistungen für die eigene Gesundheitsfürsorge persönlich aufzukommen, werden persönliche Präferenzen – auch weltanschaulicher Art – weiteren Vorschub erhalten.

Auf dem Gebiet angewandter psychologischer Beratung und Therapie findet eine zunehmende Spiritualisierung statt. Historisch hat sich das Angebotsspektrum der Psychotherapie von aufklärungsbetonten und emanzipatorischen Ansätzen mit wissenschaftlicher Ausrichtung hin zu ritualisierten Lebenshilfe-Angeboten unterschiedlicher weltanschaulicher Herkunft erweitert. Waren die streng empirische Psychologie und die klassische Psychoanalyse äußerst religionskritisch eingestellt, ist heute der Kurswechsel zu einer spirituellen Therapieszene unübersehbar. Diesbezügliche Ansätze werden mit unterschiedlichen Umschreibungen als New-Age-Therapien (PLATTA 1994), Psychokulte (KLOSINSKI 1996), Psychomarkt (GROSS 1996), Psycho-Sekten (BILLERBECK/NORDHAUSEN 1999), esoterische Therapien (JAEGGI 2001), alternative Gesundheitskultur (ANDRITZKY 2001), weltanschauliche Lebenshilfe (UTSCH 2002), transpersonale Psychotherapien (GALUSKA 2003) oder schlicht als Psychoszene (KÖTHKE, RÜCKERT, SINRAM 1999; GOLDNER 2000) bezeichnet.

Die rechtlichen Grundlagen heilkundlicher Psychotherapie sind in dem Heilpraktikergesetz von 1939 und dem Psychotherapeutengesetz von 1999 geregelt (DANNECKER 2003). Ein Gesetzentwurf zur Regelung gewerblicher Lebensbewältigungshilfe, der angesichts fehlender Transparenz und einem wachsenden Umsatz auf diesem Markt nötig erscheint, wurde im Herbst 2004 vom Bundesrat abgelehnt (HEINEMANN in diesem Band).

Lehre

Die Psychoszene umfasst weltanschaulich begründete Angebote zur Lebenshilfe, Persönlichkeitsentwicklung und Sinnorientierung außerhalb der wissenschaftlichen Psychologie und des kassenfinanzierten Gesundheitswesens. Neben weltanschaulich »aufgeladenen« Substanzen (z. B. in der Homöopathie), Massagetechniken (z. B. Shiatsu) und Körperübungen (z. B. Kinesiologie) werden in der Psychoszene besonders mentale Haltungen und Erwartungen vermittelt (UTSCH 2001).

Die Psychoszene überschneidet sich vielfältig mit der Alternativmedizin, wo behauptet wird, durch die Seele den Körper heilen zu können. Häufig liegt folgendes simple Störungs-

und Behandlungsmodell zugrunde: Von Natur aus sind Körper und Seele gesund, aber die Umwelt bzw. die Erziehung haben Schäden verursacht. Bestimmte Psychotechniken oder weltanschauliche Heilriten sollen nun dem Anwender Einstellungen und Haltungen vermitteln bzw. den Körper so beeinflussen, dass sich vorhandene Blockaden auflösen und die Selbstheilungskräfte der Seele und des Körpers aktiviert werden.

Ohne Zweifel unterstützen Placebo-Effekte im Sinne positiver Erwartungen die Heilwirkung eines Medikaments oder therapeutischen Handelns. Die Psychotherapieforschung relativiert jedoch ihre Bedeutung: Die größte Wirkung einer Therapiemaßnahme ist demnach auf außertherapeutische Veränderungen und die Ressourcen des Patienten zurückzuführen (40 %). Weiterhin trägt die Qualität der therapeutischen Beziehung maßgeblich zur Verbesserung einer Störung bei (30 %). Nur zu jeweils 15 % wirken die eingesetzten Methoden und die Erwartungs- (Placebo-) Effekte (HUBBLE/DUNCAN/MILLER 2001).

Die herkömmliche Aufgabenstellung einer psychologischen Heilbehandlung, die Bewältigung innerer und äußerer Konflikte, wird bei den alternativen Gesundheitsangeboten auf existentielle und religiös-spirituelle Themen ausgedehnt. Das dokumentiert auch die neue Störungskategorie »religiöses oder spirituelles Problem« in einem verbreiteten psychiatrischen Diagnosemanual.

Erfüllt ein Therapeut das Bedürfnis nach spiritueller Führerschaft, wird der Rahmen fachlich begründeter Veränderungsstrategien verlassen. Damit kann eine wissenschaftlich begründbare Heilbehandlung zu einer ideologischen Heilsvermittlung werden. Psychotherapie kann zu einem Religionsersatz werden, wenn sie existentielle Lebensfragen nach Leid, Schuld, Sinn und Tod letztgültig beantworten will oder spirituelle Erfahrungen herzustellen verspricht.

Als Folge des »religiös-weltanschaulichen Pluralismus« sind auf dem freien Markt der Lebenshilfe hinduistische Bewusstseinskonzepte, buddhistische Meditationstechniken sowie schamanische und esoterische Praktiken weit verbreitet. Gemeinsam ist diesen weltanschaulich begründeten Lebenshilfe-Angeboten die Suche nach Bewusstseinserweiterung und Sinnfindung.

Seminare der Psychoszene beabsichtigen, mit Hilfe psychologischer Methoden eine Ideologie zu verwirklichen und in den Alltag ihrer Teilnehmer zu überführen. Mit Methoden der Osho-Bewegung sollte das hinduistische Ideal eines erleuchteten, vom Kosmos ungetrennten Bewusstseins – die Buddha-Natur des Menschen – mit Körpertherapiemethoden der humanistischen Psychologie und mentalen Übungen der transpersonalen Psychologie verwirklicht werden. Bei Scientology soll ein permanenter Macht- und Erfolgszustand mit gezielten Denk- und Verhaltenstrainings erreicht, beim Familienstellen nach Hellinger die Vision einer versöhnten Familien-Gemeinschaft durch subtile Gruppendynamik hergestellt werden.

Gründe für den Psychoboom

Die westlichen Gesellschaften haben in den letzten Jahrzehnten besonders durch die Säkularisierung und Individualisierung ein anderes Gesicht erhalten. Christliche Werte und Normen wurden durch andere Lebenskonzepte und Leitbilder in Frage gestellt und verloren an Bedeutung. Die Popularität der jungen Sozialwissenschaft Psychologie beschleunigte diese Entwicklung, weil sie das Entwicklungspotential der einzelnen Person (über-) betont.

Nach dem Niedergang der großen universellen Heilslehren von Christentum, Sozialismus und Kommunismus ist nun für viele die Psychologie zum individuellen Glücksbringer und Ratgeber für ein gelingendes Leben geworden.

Im Zuge der Individualisierung ereignet sich Religiöses heute nur noch selten in spezifischen Gemeinschaftszusammenhängen oder an dafür bestimmten heiligen Orten. Das eigene Selbst ist zum Objekt der Verehrung und Anbetung geworden. Die Beschäftigung mit dem eigenen Innenleben, mit Gefühlszuständen, Wünschen, Bedürfnissen und Entwicklungsmöglichkeiten, aber auch seelischen Verwundungen und deren Folgen wird in der Psychoszene mit heiliger Inbrunst betrieben.

Unrealistische psychotherapeutische Behandlungsziele haben dazu beigetragen, die Illusion einer Verwirklichung des »ganzen« Menschen zu nähren und sein selbstsüchtiges Ego zu bedienen. Dem Unbehagen an der eigenen momentanen Befindlichkeit mit ihren inneren Spannungen und Konflikten wird mit der Annahme einer ursprünglichen Reinheit und Harmonie des Ichs begegnet. Dieser Zustand wird mystifizierend als »wahres Selbst« umschrieben. Durch entsprechende psychologische Methoden sei es nun möglich, so die Vorstellung, in Kontakt zu diesen tiefsten Schichten der Innerlichkeit zu treten. Psycho-Angebote unterstützen diesen Trend zur Selbstbespiegelung.

Besonders die humanistische Psychologie mit ihrem Credo der sich vollständig zu entfaltenden Persönlichkeit hat dazu beigetragen, dass zahlreiche Menschen sich auf den Weg der experimentellen Selbsterforschung begeben haben und hier neuen Kontakt zu ihrem inneren Erleben suchen. Die Humanistische Psychologie bedarf wegen ihrer einseitigen Erfolgsverheißungen, der Ich-Zentriertheit und dem Verleugnen der menschlichen Destruktivität der Ergänzung (VITZ 1994, HUTTERER 1998, REMELE 2001).

Ein wesentlichen Grund für die Attraktivität von ideologisch geprägten psychologischen Gruppen besteht darin, dass dort Wege zum Glücklichsein beschrieben werden, der Umgang mit Krisen und Krankheit erläutert und ein Weltbild vermittelt wird, das den einzelnen Menschen einbettet in ein sinnvolles Ganzes. Heilkräfte sollen angeblich symptom-unspezifisch wirken und sehr allgemein Gesundheit, Persönlichkeitswachstum, Sinnfindung oder spirituelles Wachstum ermöglichen.

Besonders gefragt sind heutzutage Seminarangebote, die der individualisierten sowie spaß- und karriereorientierten Lebenswelt dienen. Dazu zählen psychologisch verbrämte Seminarangebote mit utopischen Erfolgsversprechen. Die Aussicht auf individuelle Wunschverwirklichung mit Hilfe psychologischer »Tricks« hat sich zu einem lukrativen Geschäft entwickelt. Deshalb sind Wellness-Kuren im Trend, die Gesundheitstraining, Spaß und Stressbewältigung im Programm führen. Zahlreiche Varianten des Positiven Denkens verheißen das Erreichen kindlicher Träume und Sehnsüchte. Mit Versprechen wie »Lebe deine Träume« oder »Mit vierzig Millionär« wird die Seminarkundschaft gelockt.

Verfahren auf dem Psychomarkt

Die Machbarkeit aller Wünsche im Sinne naiven Positiven Denkens und die spirituelle Führung und Einweihung in erweiterte Bewusstseinszustände durch transpersonale Meister sind zwei zentrale Versprechen der Psychoszene. Inhaltlich ergibt sich dadurch eine zweiteilige Systematik: neben den Angeboten mit einer psychologistischen Ideologie stehen weltanschaulich begründete Behandlungsverfahren, die entweder dem esoterisch-magischen Denken oder asiatischer Spiritualität in den Ausprägungen des Buddhismus oder Hinduismus verpflichtet sind. Sowohl esoterisch-magisches Denken als auch asiatische Spiritualitätsformen – zum großen Teil in westlichen »light«-Versionen – haben sich fest etabliert. Psychotherapie und Spiritualität sind zu einem Geschwisterpaar geworden. Westliches Wissen und asiatische oder magisch-okkulte Weisheit sind in der Psychoszene zu einer merkwürdigen Einheit verschmolzen. Für die umfassenden Ziele und Heilsversprechen werden eine Vielzahl von Methoden angeboten:

Psycho-ideologische Angebote:
– Körpertherapien und Naturheilverfahren mit spiritueller Zielsetzung
  (z. B. Holotropes Atmen, Aura Soma, Bachblütentherapie)
– Positives Denken als Patentlösung
  (z. B. Motivations- und Erfolgsseminare; Coaching, Strukturvertriebe)
– Einsatz von Chemie und Technik
  (z. B. Ritalin-Mißbrauch, »Chakra-Booster«, Magnetfeldtherapie)

Religiös-weltanschauliche Angebote:
– Spirituelles mit therapeutischem Anspruch
  (z. B. Reiki, Reinkarnationstherapie, Geistheilung)
– magische und okkulte Praktiken
  (z. B. Telepathie, Astrologie, Pendeln, Tarot)
– Naturreligionen und mystische-spirituelle Traditionen
  (z. B. Schamanismus, Druidenkult)

Was unterscheidet eine psychologistische Ideologie von esoterisch-magischem Denken und asiatischer Spiritualität? Unter Ideologie versteht man ein in sich stimmiges gedankliches System, das die Ziele und Werte einer Gruppe oder Gesellschaft bestimmt. Das griechische »eidolon« bezeichnet das Trugbild oder die Nachbildung der ursprünglichen Erscheinung (»idea«). Im Neuen Testament werden damit die irrführenden Idole der Götzenbilder bezeichnet. Eine Ideologie kann somit als eine einseitige, perspektivische verzerrte Wirklichkeitswahrnehmung und -deutung verstanden werden. Eine wichtige Aufgabe der Psychologie, nämlich die der kritischen Realitätsprüfung, wird in den ideologischen Angeboten der Psychoszene oftmals zugunsten einer dogmatisch-verzerrten Wirklichkeitsdeutung aufgegeben. Das Missbrauchspotential einer Therapiemethode erhöht sich, wenn ihr Menschenbild und ihre Ethik nicht reflektiert und kommuniziert werden.

Grenzen der Psychologie

Seit Beginn des Psychobooms wurde auf den Abweg einer »Vergötzung des Selbst« als Folge der Humanistischen Psychologie hingewiesen und auf Gefahren utopischer Versprechungen mittels riskanter Gruppentechniken aufmerksam gemacht (Martin 1996, Weis 1998, Gebhardt 2002).
 Problematisch wird es, wenn Anbieter die psychologische Machbarkeit aller Änderungswünsche in Aussicht stellen. Hier gibt es gegenwärtig Tendenzen, die menschlichen Eigenschaften und Anlagen als einen formbaren Rohstoff anzusehen. Keine Psychologie ist im-

stande, ersehnte persönliche Eigenschaften wie Schlagfertigkeit, Selbstsicherheit, Kontaktfähigkeit oder Humor anzutrainieren. Die erschreckende Vorstellung eines kommerziellen »Psychodesigns« liegt nahe, wenn man sich den rapide zugenommenen Gebrauch von Psychopharmaka vor Augen hält und den in der Psychoszene vertretenen Machbarkeitsglauben mit seinen Heilsversprechen anschaut.

Neben der Psychoanalyse wurde die gesamte Psychologie radikal in Frage gestellt (POHLEN & BAUTZ-HOLZHERR 1995, DEGEN 2000). Demnach dienen die schillernden Mythen über die Seele vor allem dem »kollektiven Selbstbetrug und der Finanzierung eines Berufstandes«. Zweifelsohne reichen die Erwartungen an das Veränderungspotential von »Psychotechniken« durch Ratgeberliteratur im Sinne Positiven Denkens ins Uferlose (SCHEICH 1998). Weil die Psychologie als Lehre vom menschlichen Erleben und Verhalten bei Laien häufig die Hoffnung weckt, bald jegliche seelische Regung erklären, kontrollieren und verändern zu können, wird ihr häufig ehrfürchtig gegenüber getreten. Dagegen sind die Fachleute hinsichtlich der Vorhersag- und Steuerbarkeit seelischer Reaktionen skeptischer und bescheidener. Aus heutiger Sicht besitzt das komplexe Zusammenwirken von Anlage und Umwelt, Person und Situation, Genen und Gewohnheiten eine relativ stabile Eigendynamik und lässt sich psychologisch viel weniger beeinflussen, als man früher noch dachte (KAGAN 2000).

Wegen des hohen Anspruchs an psychologische Behandlungen und einer verbreiteten Unkenntnis hinsichtlich ihrer tatsächlichen Möglichkeiten ist es wichtig, sich die Mythen der Psychologie und die engen Grenzen der Psychotherapie zu verdeutlichen. Zu den populären Irrtümern zählen neben der Veränderbarkeit des Charakters (Persönlichkeitseigenschaften sind relativ stabil) die Dominanz des Lustprinzips (auch wertorientierte Ziele motivieren) und der Mythos vom frühen Trauma (die ersten Lebensjahre entscheiden nicht alles) (HEMMINGER 1982, NUBER 1995, ORTH/PETZOLD 1999).

Grenzüberschreitungen in der Psychotherapie

Eine wissenschaftlich begründete Psychotherapie ist von der ideologisch geprägten Psychoszene abzugrenzen: Während es auf der einen Seite um eine präzise eingegrenzte Störungsbehandlung unter den wissenschaftlich gebräuchlichen Bedingungen geht (Gesundheits- bzw. Krankheitslehre, Diagnose, Behandlungsplan, Prognose), versprechen Seminaranbieter der Psychoszene schnelle und umfassende Persönlichkeitsänderungen durch universell wirksame Heilkräfte.

Ideologisches kommt natürlich auch in der Psychologie und Psychotherapie vor. Misstrauen ist dort angebracht, wo psychologische Modellvorstellungen zu ideologischen Überzeugungen überhöht werden. Wissenschaftliche Theorien müssen sich einer rational-kritischen Überprüfung unterziehen. Bei vielen alternativen Therapieverfahren und Behandlungsansätzen finden unsachgemäße Grenzüberschreitungen statt, weil die Erkenntnismöglichkeiten der Psychologie überschätzt oder gar mißbraucht werden und weltanschauliche Inhalte und ideologische Dogmen als angeblich neueste psychologische Einsichten verbreitet werden. Abzulehnen ist, wenn psychologische Methoden gezielt zur Herbeiführung seelischer Extremzustände eingesetzt werden. Es übersteigt die Grenzen psychologischer Kompetenz, dieses dann als ein transpersonales Vorgehen zur »spirituellen Öffnung« zu rechtfertigen.

Zahlreiche Erlebnisberichte von Betroffenen zeugen von (sexuellem) Machtmissbrauch und ideologischer Beeinflussung - sowohl in klassischen Therapieformen wie der Psychoanalyse (KAISER 1996, DRIGALSKI 2000) als auch bei Angeboten der Psychoszene (HEMMINGER & BECKER 1985, BOYSEN 1988, LELL 1997, VOGEL 1999, ZAFAR 2000). Fachlich werden die Risiken und Nebenwirkungen einer Psychotherapie selten thematisiert (MÄRTENS/PETZOLD 2002), obwohl sich die Psychoszene mittlerweile weitläufig auf das Gebiet der Personalentwicklung und des Persönlichkeitstrainings ausgedehnt hat (SCHWERTFEGER 1998, UTSCH 2002a). Das Gefahrenpotential durch unrealistische Versprechen in der Psychoszene ist nicht zu unterschätzen. Eine Kontrolle und Steuerung des Zufalls, die Verwirklichung aller Wunschträume und grenzenloses Durchsetzen und Bewundert-Werden ist auch psychologisch nicht machbar. Darüber hinaus sollten psychotherapeutische Behandlungsmaßnahmen auch ohne innere Übereinstimmung mit den religiös-weltanschaulichen Glaubensüberzeugungen des Therapeuten wirken und wissenschaftlich beschreibbar und überprüfbar sein.

Literatur

W. ANDRITZKY, Vielfalt in der Therapie, Berlin 2001.

G. R. BACH/H. MOLTER, Psychoboom. Wege und Abwege moderner Psychotherapie, Köln 1976.

G. BOYSEN, Haut über Kopf, Augsburg 1988.

G. DANNECKER, Alles was Recht ist – Alternative Heilverfahren in rechtlicher Sicht. Wege zum Menschen 55 (2003), 521–542.

R. DEGEN, Lexikon der Psycho-Irrtümer. Warum der Mensch sich nicht therapieren, erziehen und beeinflussen lässt, Frankfurt a. M. 2000.

D. v. DRIGALSKI, Blumen auf Granit. Eine Irr- und Lernfahrt durch die deutsche Psychoanalyse, 2000.

J. GALUSKA, (Hg.), Den Horizont erweitern, Berlin 2003.

M. GEBHARDT, Sünde, Seele, Sex. Ein Jahrhundert Psychologie, Stuttgart 2002.

C. GOLDNER, Die Psychoszene, Aschaffenburg, 2000.

P. GROSS, Ich-Jagd, Frankfurt 1999.

W. GROSS (Hg.), Psychomarkt, Bonn 1996.

H. HEMMINGER, Kindheit als Schicksal, Reinbek bei Hamburg 1982.

H. HEMMINGER/V. BECKER, Wenn Therapien schaden, Reinbek bei Hamburg 1985.

H. HEMMINGER/J. KEDEN, Seele aus zweiter Hand, Stuttgart 1997.

H. HEMMINGER, Grundwissen Religionspsychologie, Freiburg 2003.

M. A. HUBBLE/B. L. DUNCAN/S. C. MILLER (Hg.), So wirkt Psychotherapie, Dortmund 2001, Originalausgabe Washington 1999.

R. HUTTERER, Das Paradigma der Humanistischen Psychologie, Berlin 1998.

E. JAEGGI, Und wer therapiert die Therapeuten?, Stuttgart 2001, 194–210.

H. KAISER, Grenzverletzung. Macht und Missbrauch in meiner psychoanalytischen Ausbildung., Zürich/Düsseldorf 1996.

J. KAGAN, Die drei Grundirrtümer der Psychologie, Weinheim/Basel 2000.

G. KLOSINSKI, Psychokulte. Was Sekten für Jugendliche so attraktiv macht, München, 1996.

W. KÖTHKE/H. W. RÜCKERT/J. SINRAM, Psychotherapie? Psychoszene auf dem Prüfstand, Göttingen 1999.

J. MARTIN (Hg.), Psychomanie. Des Deutschen Seelenlage, Leipzig 1996.

M. LELL, Das Forum. Protokoll einer Gehirnwäsche, München 1998.

M. MÄRTENS/H. PETZOLD (Hg.), Therapieschäden. Risiken und Nebenwirkungen von Psychotherapie, Mainz 2002.

F. NORDHAUSEN/L. v. BILLERBECK, Psychosekten. Die Praktiken der Seelenfänger, Berlin 1997.

U. NUBER, Der Mythos vom frühen Trauma, Frankfurt a. M. 1999.

H. PLATTA, New-Age-Therapien pro und contra, Weinheim 1994.

M. POHLEN/M. BAUTZ-HOLZER, Psychoanalyse – Das Ende einer Deutungsmacht, Reinbek bei Hamburg 1995.

K. REMELE, Tanz um das goldene Selbst? Therapiegesellschaft, Selbstverwirklichung und Gemeinwohl, Graz 2001.

G. Scheich, Positives denken mach krank. Vom Schwindel mit gefährlichen Erfolgsversprechen , Frankfurt a. M. 1997.

B. Schwertfeger, Der Griff nach der Psyche. Was umstrittene Persönlichkeitstrainer in Unternehmen anrichten, Frankfurt 1998.

M. Utsch, Vier Versprechen der Psychoszene, in R. Hempelmann et al. (Hg.), Panorama der neuen Religiosität, Gütersloh 2001, 97–211.

M. Utsch, Psychotherapie und Spiritualität. Unterschiede zwischen wissenschaftlicher und weltanschaulicher Lebenshilfe, Berlin 2002 (EZW-Text 166).

M. Utsch, Erfolg, Optimismus, Gewinn, Berlin 2002 a (EZW-Text 164).

Utsch, M., Religiöse Fragen in der Psychotherapie, Stuttgart 2004.

P. Vitz, Der Kult ums eigene Ich. Psychologie als Religion, Gießen 1995.

K. Vogel, Grenzverlust. Wie ein Psychokult funktioniert, Düsseldorf 1999.

H.-W. Weis, Exodus ins Ego. Therapie und Spiritualität im Selbstverwirklichungsmilieu, Düsseldorf 1998.

M. Wirsching, Jenseits vom Schulenstreit, Frankfurt 1998.

U. Wirtz/J. Zöbeli, Hunger nach Sinn, Menschen in Grenzsituationen – Grenzen der Psychotherapie, Zürich 1995.

H. Zafar, Du kannst nicht fließen, wenn dein Geld nicht fließt. Macht und Missbrauch in der Psychotherapie, Reinbek 2000.

Aufstellungsarbeit nach Hellinger
Ein umstrittenes Angebot im Grenzbereich von wissenschaftlicher Psychotherapie und Psychomarkt

Michael Utsch

Systemische »Aufstellungen nach Hellinger« sind ein typisches Angebot auf dem Psychomarkt. Fast ausschließlich werden sie heute von seinen zahlreichen Schülern durchgeführt. Reden und Heilungen des Meisters finden deshalb einen reißenden Absatz, immer häufiger in audiovisueller Direktheit und Wucht. Weit über 100 Bücher und zahllose Videos von und über das »Phänomen« Hellinger sind im Angebot. Die geheimnisvolle, neuartige Lehre und Vorgehensweise hat viele in ihren Bann gezogen. Was früher noch als ein Geheimtipp galt, wird heute fast europaweit in Volkshochschulen, kommerziellen Seminaren und Kirchengemeinden angeboten. Der Anwendungsbereich beschränkt sich längst nicht mehr auf persönliche Konflikte, sondern wurde auf ethnische und politische Krisenbewältigung ausgedehnt. Immer häufiger werden systemische Aufstellungen nach Hellinger heute auch in der Personal- und Organisationsentwicklung angewandt. Mittlerweile werden also nicht nur Familien, sondern auch Firmen, Organisationen und sogar ganze Nationen »aufgestellt«, um deren Beziehungsdynamik besser zu verstehen und im Idealfall klären zu können. Aufstellungen werden sowohl zu Selbsterfahrungs- als auch Lebenshilfe-Zwecken eingesetzt. Zunehmend finden sie in kirchlichen Kreisen statt – in Häusern der Stille, bei Mitarbeiterfortbildungen und in Beratungszusammenhängen.

Auf Neulinge wirkt die Vorgehensweise der Aufstellungsarbeit oft rätselhaft und mysteriös. Zu einfach erscheint das Setting, zu karg die therapeutischen Handlungsanweisungen, zu umfassend deren angeblichen Auswirkungen. Beeindruckende Berichte und die Begeisterung früherer Teilnehmer übertönen jedoch Zweifel und Skepsis. Manche erzählten von tiefen religiösen Erfahrungen während einer Aufstellung. Das macht sie interessant, aber auch verdächtig. Religiöses und Irrationales wirkt in der westlichen Welt immer noch bedrohlich, weil es sich der rationalen Kontrolle entzieht. Vertreter dieses Ansatzes bemühen sich deshalb seit kurzer Zeit, die Dynamik der Aufstellungsphänomene wissenschaftlich zu erklären – ein wahrhaftiger Spagat.

Obwohl das Familienstellen in vielerlei Hinsicht ein typisches Angebot des Psychomarkts verkörpert, unterscheidet es sich zumindest in zweierlei Hinsicht fundamental von seinen Konkurrenten: Zum einen greift Hellinger ohne Scheu Gedanken und Konzepte seiner katholischen Herkunft auf, allerdings nicht ohne sie zu verfremden. Das bringt seinen Ansatz in die Nähe zu neuen religiösen Bewegungen. Über ein unspezifisches esoterisches Interesse hinaus berichten Gruppen wie die Anthroposophen, die Osho-Bewegung oder Vertreter des westlichen Neoschamanismus ausdrücklich und differenziert, dass sie von Hellingers Methode wichtige Anregungen erhalten hätten (Dalichow 2000; Harisharan 2000, Kampenhout 2001, Kleber/Seiberth 2002). Zum anderen geht es dem Familienstellen im Unterschied zu vielen anderen alternativen Gesundheitsangeboten um die Wiederherstellung von zerbrochenen Beziehungen anstelle grenzenloser Selbstverwirklichung, die in diesem Milieu so häufig anzutreffen ist (Weis 1998). Damit setzt die Aufstellungsarbeit einen wohltuenden Gegenakzent zur prinzipiell endlosen Suche nach dem ominösen »wahren Selbst« (VITZ 1995, MARTIN 1996, GROSS 1999, REMELE 2001).

Besonders ihre theologisch gefärbte Begrifflichkeit (Ehrfurcht, Opfer, Schuld, Vergebung) und das Behandlungselement der vorgegebenen Rituale machen das kirchliche Interesse verständlich. Was verbirgt sich hinter dieser Mode-Therapie, und wie ist sie aus theologischer Sicht zu bewerten?

Hellingers »Ordnungen der Liebe«

Das systemische Familien-Stellen ist eine Form intensiver Kurzzeittherapie. Sie greift Elemente der klassischen Mehrgenerationen-Familientherapie auf, hat darüber hinaus aber eigene therapeutische Interventionen entwickelt. Der ehemalige Ordensmissionar Bert Hellinger absolvierte selber verschiedene psychotherapeutische Behandlungen und Ausbildungskurse, um dann seine eigene Methode des Familien-Stellens zu kreieren. Darin verbindet er familientherapeutische Erkenntnisse mit traditionell-missionarischem Habitus und Vorgehen. Hellinger behauptet, besondere Ordnungen und Gesetzmäßigkeiten entdeckt zu haben, die eine intakte Familie oder ein intaktes System kennzeichnen würde. Sein diesbezügliches Wissen habe er aus den langjährigen Erfahrungen mit Aufstellungen gesammelt, die sich immer wieder bestätigt hätten. Die Hauptursache für persönliche Konflikte und Fehlentwicklungen sieht Hellinger in dem über mehrere Generationen hinweg übernommenen Erbe an Gefühlen, Meinungen und Lebensprinzipien.

Weiterhin spielen äußere Ereignisse bei Hellinger eine zentrale Rolle. Ihre Wirkung durch die Generationen hindurch sollen durch die Aufstellungen sichtbar gemacht werden. Wichtig sei: Wer ist früh gestorben – jünger als etwa 25 Jahre? Gibt es Verbrechen und schwere Schuld in der Familie? Gab es frühere Beziehungen der Eltern oder Großeltern? Gibt es darüber hinaus besondere Schicksale wie Behinderung, Auswanderung, nichteheliche Geburt, Adoption u. ä.? Anders als in der traditionellen Familientherapie spielen bei diesem Ansatz gefühlsmäßige Beziehungen, Sympathien oder Antipathien eine geringe Rolle.

Vorgehensweise einer Aufstellung

Bei dieser Methode stellt eine Person das innere Bild ihrer Familie, ihres Teams oder ihrer Organisation mit Hilfe von anderen Personen auf. Sie sucht Stellvertreter für sich und andere aus und ordnet sie stillschweigend so auf der Bühne oder im Raum an, wie die tatsächlichen Personen »zueinander stehen«. Überraschenderweise sollen dabei häufig längst verstorbene Mitglieder aus vergangenen Generationen, die bislang fremd oder kaum bekannt waren, erinnert werden und einen wichtigen Platz einnehmen. Die aufstellender Person soll durch die Aufstellung erkennen, woher bisher unverständliche Gefühle wie Depressionen oder Schuldgefühle kommen oder weshalb Beziehungen in ihrer Familie gestört sind. Verborgene Bindungen, die sich bislang negativ auswirkten, sollen ans Licht gebracht und aufgelöst oder umgewandelt werden. Die Plätze der Ausgangsstellung werden verändert, um ein neues, spannungsfreies Bild der Familie entstehen zu lassen. Dieses Bild soll die aufstellende Person in sich aufnehmen und seine heilende Wirkung entfalten lassen.

Das »wissende Feld«

Stellt eine Person ihre Familie spontan und gesammelt auf, dann nehmen nach Hellingers Einsicht die Stellvertreter an ihren Plätzen Gefühle der Familienmitglieder wahr, die sie vertreten. Hier wirkt nach Hellinger das wissende Energiefeld der *Familienseele:* angeblich nehmen die Stellvertreter klar und eindeutig wahr, von wem in der Familie Gefühle und Verhalten übernommen worden sind. Die Stellvertreter hätten angeblich Zugang zu einer tieferen Schicht oder Wahrheit der Beziehungen in dem fremden System – ein bisher unerklärliches Phänomen. In der praktischen Arbeit mit Aufstellungen lerne der Therapeut, immer mehr diesem Phänomen zu vertrauen und sich von ihm leiten zu lassen. Hellinger vermutet rätselhafte und geheimnisvolle Verknüpfungen, die starke Bindungen über die Generationen erzeuge. Angeblich wirken Aufstellungen auch auf Familienmitglieder, die keine Ahnung davon haben, dass ihre Familie aufgestellt wurde.

Behandlung durch ritualisierte Sätze

Aufgabe des Therapierenden sei es, Bindungen zu entdecken und eine gute Ordnung zu suchen, bei der sich jeder an seinem Platz der Aufstellung wohlfühle. Dabei soll er oder sie die Aussagen Hellingers über die in Familien herrschenden Ordnungen nutzen und rituelle Sätze weitergegeben, z.b. »Ich achte deinen Tod und dein Schicksal«, wenn jemand früh verstorben ist.. Durch die Reaktionen der Stellvertreter erkenne er oder sie, ob der eingeschlagene Kurs richtig sei.

Grundlage des Familienstellens bilden die von Hellinger formulierten Gesetzmäßigkeiten einer Familie und die von ihm vorgeschlagenen »Lösungen« von Beziehungskonflikten. Diese »Ordnungen der Liebe« – so der Titel seines Hauptwerkes - fußen auf traditionellen, tugendhaften Werten wie Achtung, Ehre, Gewissen, Demut, Unschuld oder Bindung. Diese Ideale werden durch direktive Lösungsvorschläge des Therapeuten auf die dargestellte Familiensituation angewendet. Weil diese sehr konservativ anmutenden Ordnungen und Regeln heute kaum noch beachtet würden, seien viele Beziehungssysteme gestört und erkrankt. Durch das Befolgen von Hellingers Regeln könne »die Liebe wieder fließen«, oder in Konflikte verstrickte Geschäftspartner könnten wieder konstruktiv miteinander arbeiten.

Psychologische Fachkritik an Hellinger

Der Vorstand des psychologischen Fachverbands für Systemische Therapie und Familientherapie (DGSF), der gegenwärtig rund 1500 Mitglieder vertritt, hat sich im Frühjahr 2003 in einer ausführlichen Stellungnahme von dem »Familienaufstellen« nach Bert Hellinger distanziert. Gleichzeitig rief er dazu auf, positive Aspekte dieser neuen Vorgehensweise anzuerkennen. Er plädierte für kritisch-reflektierten Umgang mit dieser Methode. Zuerst wies der Vorstand jedoch auf die Gefährdungen von KlientInnen hin, die von Hellingers »Aura des Nicht-Kritisierbaren« ausgehe. Ein derartig autoritäres Vorgehen sei »mit dem Selbstverständnis der Systemischen Therapie unvereinbar«. Die Aufstellungsarbeit erzeuge eine Situation, die den Ratsuchenden verunsichere und suggestiv beeinflussbar mache. Deutlich wird auf die Gefahr hingewiesen, das normative Vorstellungen den nach Orientierung suchenden Menschen übergestülpt werden.

Angesichts der weiten Verbreitung des Familienstellens erwartet der Vorstand der Fachgesellschaft von seinen Mitgliedern »einen kritischen, respektlosen Umgang mit Vorgehens- und Verhaltensweisen von Bert Hellinger«. Offensichtlich reicht Hellingers Einfluss weit in die Fachkreise der Familientherapie hinein. Deshalb appellieren die Verantwortlichen an das kritische Urteilsvermögen und die fachliche Unabhängigkeit ihrer Mitglieder. Vorsichtig formuliert der Vorstand seinen Wunsch, dass er nämlich »von den renommierten Praktikern der Familienaufstellungen die Fähigkeit erhofft, sich von Bert Hellinger zu emanzipieren«. Ob dazu gute Wünsche allein ausreichen?

Immerhin wird die Praxis der Familienaufstellungen »zu einem nicht geringen Teil als kritisch, ethisch nicht vertretbar und gefährlich für die Betroffenen« beurteilt. Besonders die Grossgruppen-Veranstaltungen werden angeprangert, in denen »ohne ausreichende therapeutische Rahmung, vor allem ohne die persönliche Beziehung zu dem Therapeuten, den Klienten suggeriert werde, dass selbst gravierende psychische Problemsituationen durch eine einzige Familienaufstellung grundlegend verändert werden« könnten.

Die Verwendung dieser Methode erscheint dem Fachverband nur dann akzeptabel, wenn Familienaufstellungen in einen längeren Prozess von Systemischer Therapie und Beratung eingebettet sind und nur einen Bestandteil eines therapeutischen bzw. beraterischen Prozesses darstellen. Eine fundierte Ausbildung und Praxis ins Systemischer Beratung bzw. Therapie sieht der Verbandsvorstand ebenfalls als unabdingbar an (http://www.dgsf.org/dgsf/berufspolitik/hellinger.htm).

Zu wenig zu hören ist aber bei den Aufstellungen von handfester Beziehungsarbeit, dem langsamen Herantasten an verschüttete und verdrängte Emotionen und dem oft mühsamen und schmerzhaften Prozess des Abschiednehmens von illusionären Wünschen oder idealisierten Übertragungen. Wie sollen in einer zwanzigminütigen Aufstellung Jahrzehnte alte Familienfehden heilen?

Deutungen und Interpretationen können nur zufällig ausfallen, wenn weder eine präzise Diagnose erhoben wird noch eine überprüfbare Krankheits- bzw. Gesundheitslehre vorliegt. Mit Sicherheit dürften die Personen der Stellvertreter mehr Einfluss auf die Lösung des Familienkonflikts nehmen, als das dem Wahrheitsanspruch der Methode recht sein kann. Tauschte man stellvertretende Personen aus: Würden sie in gleicher Weise die spezifischen »Beziehungswahrheiten« einer Familiendynamik erspüren und sich dementsprechend umplatzieren? Weil bei den Stellvertretern individuelle und damit »feldunabhängige« Faktoren Einfluss nehmen, liegt die Gefahr der Willkür und Beliebigkeit auf der Hand.

Die Popularität Hellingers lässt den Schluss zu, dass gerade heute Leitpersonen mit Autorität und einfachen Lösungen gefragt sind. Die von ihm formulierten Gesetzmäßigkeiten und Regeln sind aber nur eine Deutung von vielen möglichen. Es ist problematisch, die Störung oder Erkrankung einer Person gänzlich auf die Familiendynamik zurückzuführen. Wesentliche andere Einflussgrößen bleiben dort unberücksichtigt. Weiterhin können Aufstellungen unter den Bedingungen einer Großgruppe gewaltigen seelische Energien freisetzen. Der Rollentausch durch die Stellvertreter schafft eine große emotionale Dichte, die nur von sehr erfahrenen Therapeuten kontrolliert und hilfreich eingesetzt werden können. In manchen Fällen war der Schaden größer als der Nutzen.

Das religiöse Format der Aufstellungen

Durch eine eigenwillige Interpretation biblischer Grundbegriffe trägt Hellingers Methode zu einer Verwässerung des Religiösen bei. Bei genauerer Betrachtung lässt sich nämlich zeigen, dass sich hinter Hellingers Vorgehen ein verborgener und verfremdeter theologische Ansatz verbirgt. Ausgangspunkt für die Begründung dieser These bildet die Vermutung, dass es Bert Hellinger ähnlich ergangen sein dürfte wie anderen psychotherapeutischen Pionieren und Schulengründern, aber auch religiösen Vordenkern und Richtungsgebern. Sie konnten deshalb so unbeirrbar und erfolgreich etwas Neues schaffen, weil sie mit diesem Ansatz ihre eigene Lebensproblematik und – Lieblingsbegriff Hellingers – innere Verstrickung lösen konnten. Was beispielsweise auf Sigmund Freud, Alfred Adler oder Wilhelm Reich, aber auch schon auf Martin Luther zutraf – die eigene Genesung durch die Entdeckung einer neuen Heilmethode oder Sichtweise, kann sich auch als ein Verstehensschlüssel für Hellingers Methode erweisen.

Dann hätte sich Hellingers leidenschaftlicher, zunächst innerer Kampf und später seine zahllosen Workshops, in deren Zentrum stets die Versöhnung mit der Biographie und der eigenen Familiengeschichte stand, letztlich dazu geführt, eine neuartige Heilmethode hervorzubringen. Leider sind kaum biografische Einzelheiten aus Hellingers Vergangenheit bekannt, um diese These zu verifizieren. Hat er beispielsweise jemals die Gelegenheit erhalten, seine eigene Familie aufzustellen? Er selbst verneint dies mit Vehemenz: »Wozu sollte das gut sein?« Aber auch ohne nähere Informationen über seine Vorgeschichte, die – aus welchen Gründen auch immer – großenteils im Dunkeln gehalten wird, ist der prägende Einfluss einer katholischen Sozialisation und Ausbildung, die fast 20-jährige Priester- und Missionarstätigkeit sowie der 15-jährige Afrika-Aufenthalt mit engen Kontakten zur afrikanischen Tradition auf die von ihm entwickelte Therapiemethode unübersehbar. Dort ist Hellinger mit dem Ahnenglauben der Zulu in Kontakt gekommen und hat Vorstellungen von der Macht der verstorbenen Ahnen in sein System übernommen.

Hellingers Vorgehensweise enthält zahlreiche theologische Berührungspunkte wie den Gedanken der über Generationen wirksamen Schuld, die Idee einer geheimnisvollen, strukturierenden Ordnung oder die (Er-)Lösung verstrickter Beziehungen durch die Anerkennung von Ordnungen. Vieles davon erscheint wie eine postmoderne Variante von Beichte und Sündenvergebung: sich durch festgelegte Formeln in einer höheren Ordnung bergen und gestärkt und zuversichtlich nach vorne blicken. Dennoch widerspricht das Lösungsangebot Hellingers der christlichen Gnadenlehre fundamental.

Aufstellungen: eine Variation der Erbsündenlehre?

Für den ehemaligen Wittenberger Augustinermönch Martin Luther wurde die radikale Beantwortung der ihn aufwühlenden Frage »Wie bekomme ich einen gnädigen Gott?« lebensentscheidend und richtungsweisend. Für den ehemaligen Mariannhiller Priester und Missionar Bert Hellinger hätte dann die maßgebliche Frage gelautet: »Wie kommt meine Familiengeschichte in Ordnung?« Der tiefe Wunsch nach Rückbindung ist wesenhaft religiöser Natur. Die konkrete Anbindung an die eigene Ursprungsfamilie verweist auf die Zugehörigkeit zu einem größeren Ganzen. Die Einbettung im Mikrokosmos der Kleinfamilie machen auf Verflechtungen zum größeren Kreis der Menschheit und des Kosmos aufmerksam.

Damit die Verbindung in gleicher Weise zum Kosmos wie zur Familie ungehindert fließen kann, sind Veränderungen der in der Regel mit ihrer Vergangenheit verstrickten Seele nötig. Sowohl Hellinger als auch der christliche Glaube sprechen von der Notwendigkeit einer Umgestaltung des inneren Menschen. Dabei verwenden sie die gleichen Begriffe in unterschiedlicher Auslegung. Beide reden von Schuld und Sühne, von Sünde und Vergebung, von Opfer und Liebe, von Gewissen und Ehrfurcht. In beiden Modellen wird ein untrennbarer Zusammenhang zwischen (Er)Lösung und Heil(ung) geknüpft. Fast könnte man meinen, dass Hellingers Aufstellungen die katholische Erbsündenlehre in einer atheistischen, individualisierten Variation neu ins Spiel bringt: Verantwortung übernehmen für die Verstrickungen der Vergangenheit und Lösungen finden durch die Annahme des Schicksals. Doch an welchen Stellen gleichen sich die beiden Sichtweisen, wo weichen sie voneinander ab?

Zu den zentralen Ritualen, die Hellinger während seiner Arbeit immer wieder vorschlägt, gehört neben dem Formulieren einer Liebeserklärung oder einer Segensbitte der körperliche Akt des Verneigens vor den (von Stellvertretern symbolisierten) Eltern. Damit soll gegenüber denjenigen Personen Würde und Respekt ausgedrückt werden, denen solches – der Ursprungsordnung entsprechend – gebühre. »Anerkennen, was ist«, die »Ordnungen der Liebe«, das »Ich folge dir« sind höchst verdichtete Konzepte, die Wichtiges über Hellingers Gnadenlehre mitteilen. Gnade – was meint dieser scheinbar antiquierte Begriff? Der germanische Stamm des Wortes Gnade bedeutet mit großer Wahrscheinlichkeit »sich herabneigen«. Mit dieser dankbaren Geste wird ein unverdient erhaltenes Geschenk gewürdigt. Die Gabe der Versöhnung wird gleichsam als »Gnade« empfangen. Hellinger empfindet Dankbarkeit und Respekt vor der Wahrheit, die sich seinen Beobachtungen nach in Aufstellungen zeigt – in religiöser Sprache könnte man auch sagen »offenbart«. Denn auch Hellinger behauptet, nichts anderes zu tun als nur wahrzunehmen, was ist – geleitet von der »großen Seele«, inspiriert vom Energiefeld eines »wissenden Systems«. Dabei fühlt er sich in seinem Tun beschenkt und begnadet. »Die Mitte fühlt sich leicht an« – im Stand der Gnade sei es ganz einfach, die Wirklichkeit so zu nehmen, wie sie ist.

Ein magisch-religiöses Weltbild

Was genau im energetischen Raum des wissenden Feldes einer Aufstellung geschieht, wird unterschiedlich interpretiert. Manche sehen darin nichts anderes als subtile Gruppendynamik, exaltiertes Psychodrama sowie ein spekulatives oder suggestives Übertragungsgeschehen. Der Psychotherapeut Klaus Ottomeyer (1998, 21) kritisiert: »Hellinger benützt das hypnosefördernde Setting vor einer als Publikum fungierenden Großgruppe, also auch alle Mechanismen der Leiter-Idealisierung und Immunisierung vor Kritik«. Die Aufstellungsbewegung selber führt als Erklärung für den Heilungsprozeß außergewöhnliche Wahrnehmungen der Teilnehmenden bei einer derartigen Aufstellung an. Dazu muß allerdings der Glaube an die Wirksamkeit der »großen Seele« vorausgesetzt werden. Damit meint Hellinger eine Art kollektives Bewußtsein, das nach seiner Auffassung mit einem Gedächtnis und einer starken Kraft versehen ist. Treten nun für diese Erfahrung offene und sensible Menschen in den Energieraum des wissenden Feldes ein, würden die heilsamen Lösungen des Systems wahrnehmbar.

Die Vorstellung von geheimnisvollen und einflußreichen Bindungen, die durch eine gelungene Aufstellung in kurzer Zeit aufgelöst werden sollen, offenbart ein magisch-religiöse

Weltbild. Dabei wird die große Nähe zu esoterischem Gedankengut deutlich: Angeblich können auch nicht beteiligte und/oder gar nicht anwesende Personen durch Aufstellungen verändert und geheilt werden (Fernheilung). In Aufsätzen der eigenen Zeitschrift »Praxis der Familienaufstellung« wird Hellingers Vorgehen zunehmend in Verbindung mit Reinkarnation (Einbeziehung von Ahnen in die Aufstellungsarbeit), Channeling (Einbeziehung »nichtinkarnierter Wesenheiten« in die Aufstellungen, wie etwa Tote oder auch Engel und Schutzgeister), Schamanismus (die wirkmächtige Familienseele) oder Esoterik (Sichtbarmachung einer unsichtbaren Wirklichkeit) gebracht. Damit steht sie zum christlichen Glauben und der kirchlichen Gemeindepraxis in fundamentalen Widersprüchen.

Hellinger und die reformatorische Gnadenlehre

Was nun sind die konkreten Vergleichspunkte, aber auch die Unterschiede zwischen Helligers Gnadenlehre und der biblischen Sichtweise? Ironisch könnte man sagen: Hätte sich Hellinger in seiner Lebens- und Glaubenskrise nach seiner Rückkehr aus Afrika intensiver mit der reformatorischen Rechtfertigungslehre beschäftigt, wäre er nicht Psychotherapeut, sondern Protestant geworden. Jedenfalls weisen zentrale Konzepte Hellingers, die in den Aufstellungen durchgängig zur Anwendung kommen, frappierende Ähnlichkeiten zur reformatorischen Gnadenlehre auf. Damit soll nun Hellinger nicht als Religionsstifter oder Kirchengründer interpretiert werden. Jedoch trägt es zum Verständnis seines unorthodoxen Vorgehens bei, Familienaufstellungen nicht nur aus einer systemisch-psychotherapeutischen, sondern auch aus theologischer Perspektive zu sehen. Träfe diese Hypothese zu, wäre das Familienstellen nicht als eine therapeutische, sondern als eine seelsorgerliche Methode zu begreifen. Hellinger verfolgt allerdings die »Bewegungen der Seele« nur im zwischenmenschlichen Bereich, hat er doch den christlichen Glauben und ein personales Gottesbild hinter sich gelassen (HELLINGER 2000, 206 f). Man könnte sie deshalb auch als eine weltliche Seelsorge bezeichnen. Sie hat ihr christliches Ziel, die Aussöhnung mit Gott, aufgrund ihres immanenten Bezugsrahmens aufgegeben.

Im Zentrum des christlichen Glaubens steht die ungeheure Behauptung, dass der wegen seiner Verfehlungen zu Recht beschuldigte Mensch von Gott gerechtfertigt wird, also Anerkennung bei Gott findet. Die bedingungslose Liebe Gottes zu den sündigen und gottlosen Menschen reiche so weit, dass Gott seinen einzigen Sohn, Jesus aus Nazareth, ein für allemal stellvertretend für die Sünden der Welt am Kreuz von Golgatha opferte. Nicht der schuldige Mensch sühnt für seine Taten, sondern ein Stellvertreter – dazu noch Gottes eigener Sohn. Mit leeren Händen steht der Mensch vor Gott, schuldig, ohne sich selber rechtfertigen zu können, ohne sich irgendwie Anerkennung bei Gott verdienen zu können. Die Rechtfertigung des Sünders geschieht ohne jedes menschliches Zutun sola gratia – allein aus Gnade, in dem er oder sie das Geschenk der Vergebung durch den Opfertod Jesu annimmt.

Der »säkulare« Entwurf Hellingers weist erstaunliche Ähnlichkeiten zu dieser Theologie auf. Auch in der Aufstellungsarbeit ist der Mensch geprägt von den Verstrickungen mit der Vergangenheit, von unvergebener Schuld, ungesühnten Taten, vom aktiven Tätersein. Verschwiegene Totgeburten oder verstorbene Geschwister, übersehene Familienmitglieder oder verstoßene Ehefrauen und Ehemänner fordern Rechtfertigung. Gnade bedeutet bei Hellinger: das »Gewissen« oder die »große Seele«, das »wissende Feld« der Aufstellung bietet die Erlösung für Verstrickungen, Fehler und Schuld der Gegenwart und Vergangenheit, indem es durch Positionswechsel der Beteiligten klare Konfliktlösungen aufzeige. Wenn bestimmten Grundregeln gefolgt werde, könne die Liebe wieder fließen, kämen Beziehungen wieder ins Lot.

Hellinger selber spricht aus, dass er seine Arbeit als »Gnadengeschenk« versteht: »Lösungen, die dauern, sind Fügung und Gnade. Wer sie erfährt, der erlebt, daß er auf einmal im Einklang mit etwas ist, das seine Kraft überragt, und dieses Etwas trägt. Was ich in meiner Arbeit versuche, ist, jemand in den Einklang zu bringen mit dieser Kraft. Ich selbst füge mich dieser Kraft, bin mit ihr im Einklang, und so arbeite ich also mit etwas, das durch mich nur hindurchgeht« (HELLINGER 1994, 486).

Eine weitere faszinierende Parallele zeigt sich in der Person des Stellvertreters. Bei Hellingers Arbeit kommt ihrer Wahrnehmungs- und Ausdrucksfähigkeit eine besondere Bedeutung zu. Durch ein völliges Sich-Einlassen auf die jeweilige Aufstellungskonstellation und der in ihnen verschlüsselt enthaltenen Affekte kann die emotionale Verstrickung stellvertretend wahrgenommen und beschrieben werden. Dieser »Gefühlstransfer« besitzt religiöse Qualitäten und erinnert an den »großen Tausch« der christlichen Heilslehre. Auch in den Aufstellungen muß ja nicht der Betroffene selber die Lasten der verstrickenden Vergangenheit oder Gegenwart tragen. Ein(e) Stellvertreter(in) übernimmt diese Position, so wie Jesus nach christlicher Überlieferung stellvertretend für die Sünden der Menschen starb. Das eigentlich Neue an Hellingers Familienaufstellungen besteht darin, dass die Stellvertreter nicht nur bestimmte Aspekte eines Familienmitgliedes repräsentieren (wie in der traditionellen Familientherapie), sondern sich mit ihrer Körper-Seele-Geist-Einheit ganzheitlich als (Be-) Deutungsträger zur Verfügung stellen. Damit wird das (seriöse) systemische Vorgehen radikal um die metaphysische Dimension erweitert, die gleichzeitig dessen eigentümliche Grundlage bildet. Denn das Familienstellen funktioniert nur unter der Voraussetzung des oben skizzierten magisch-religiösen Weltbildes.

Gleiche Diagnose, verschiedene Therapie

Während Hellingers Diagnose des menschlichen Grundkonflikts in ihren Grundzügen mit den Einsichten theologischer Anthropologie übereinstimmt, unterscheidet sich das Heilungskonzept der Familienaufsteller und der christlichen Seelsorger fundamental voneinander. Hellinger geht davon aus, dass die verborgene Wirklichkeit aller Systeme von Harmonie, Sinn und Ordnung geprägt ist. Es gehört ein gehöriges Maß an prophetischer Vision und missionarischer Überzeugungskraft dazu, diese Vorstellung angesichts des unendlichen menschlichen Leids und Elends, der nicht enden wollenden Ungerechtigkeit und der so verbreiteten brutalen Gewalt aufrecht zu erhalten und zu vermitteln. Kritik, die dabei von naivem Wunschdenken und grenzenlosen Allmachtsphantasien ausgeht, ist berechtigt. Es erfordert eine enorme Suggestivkraft, Opfer sexuellen Mißbrauchs von dem Guten dieser Tat zu überzeugen und ihnen Dank und Respekt gegenüber den Tätern abzunötigen. Weil aber nach Hellingers Wahrnehmung und Interpretation der Kosmos im Grunde von Harmonie und Ordnung beherrscht wird, ist seine Lösung denkbar einfach: indem man sich dem positiven Energiefeld des wissenden Systems anvertraut, wird alles gut.

Anders der christliche Glaube: Hier wird der Mensch als einsam und verloren beschrieben, ausgeliefert an die Sünde, verstrickt im Kreisen um sich selbst. Erst die Hilfe von außerhalb leitet eine echte, tragfähige Veränderung ein. Dazu ist eine Sinnesänderung nötig. Nicht aufgrund der eigenen Kraft, sondern in der persönlichen Inanspruchnahme der Heilstat Jesu geschieht Rettung und beginnt die Heilung. Während Hellinger an die guten Kräfte des Systems appelliert und deren Wahrnehmung fördern will, vertraut die Seelsorge auf einen gnädigen Gott, der für die Rettung schon alles vorbereitet hat.

Schuld und Vergebung in der Psychotherapie

Dennoch bestehen weitere Ähnlichkeiten zwischen Hellinger und der christlichen Sichtweise des Menschen. Dies wird besonders an dem Umgang mit Schuld und Vergebung deutlich, dem in beiden Auffassungen ein hoher Stellenwert zukommt. Beide Sichtweisen verwenden zum Umgang mit der Schuld Symbole und setzen Rituale ein. Der beabsichtigte Sinneswandel und ein konkreter Neuanfang geschehen in der Aufstellungsarbeit häufig durch rituelle Sätze oder Aktionen: eine Verneigung, eine Liebeserklärung, ein Solidaritätserweis. Dieses Vorgehen erinnert an die christliche Beichte und Buße, in der es in ähnlicher Weise um Gewissenserforschung und das offene Bekenntnis zur eigenen Schuldhaftigkeit geht. Hellinger fällt das Verdienst zu, in der Therapieszene an die wichtigen und über lange Jahre übersehenen Zusammenhänge zwischen Schuld und Verantwortung erinnert zu haben und den Prozeß der Vergebung zu einem zentralen Therapiebaustein gemacht zu haben. Damit befindet er sich in Übereinstimmung mit jüngsten Forschungsergebnissen amerikanischer Untersuchungen, die den heilsamen Therapieeffekt vergebender Gesten, Handlungen und Rituale unzweifelhaft erwiesen haben.

Traditionell moralische Verhaltensweisen wie Demut, Bescheidenheit oder Dankbarkeit tun nach empirischen Untersuchungen dem allgemeinen Gesundheitszustand ausnahmslos gut. Nachweislich senken ein bewusstes Verzeihen und Vergeben den Blutdruck stärker als häufig verschriebene Diuretika. Vergebung anzunehmen und zu praktizieren, vielleicht das zentralste Beziehungsgeschehen des christlichen Glaubens, wird in den USA seit mehreren Jahren als ein wichtiger psychotherapeutischer Wirkfaktor untersucht (DOYLE 1999, FINSTER-BUSCH/MÜLLER 1999, McCULLOUGH/PARGAMENT/THORESEN 2000, WOLF 2002). Allerdings wird dort auch vor schnellen Gesundheitserwartungen gewarnt und empfohlen, den Prozess des Vergebens individuell zu begleiten. Das mechanische Abspulen einer Aufstellung dürfte keine nachhaltige Wirkung zeitigen und sich, wenn überhaupt, eher schädlich auswirken.

Hellingers Vorgehen widerspricht christlicher Seelsorge

Hellingers Ansatz hat das Sortiment therapeutischer Umgangsweisen mit seelischen Nöten, Konflikten und Erkrankungen erweitert. Vermutlich schon bald dürfte diese Bewegung reif sein für eine kritische Bestandsaufnahme, zu der auch die Entmythologisierung des Schulgründers einschließlich einer Analyse der Zusammenhänge zwischen Hellingers Biographie und seinem Therapieansatz gehören wird. Zwei kritische Außenperspektiven liegen seit kurzem vor (GOLDNER 2003; AStA MÜNCHEN 2005). Der Versuch, das Familienstellen als seriöse Therapiemethode zu etablieren, dürfte sich als schwierig erweisen. Vergleiche mit der Transpersonalen Psychologie drängen sich auf, die ebenfalls von besonderen weltanschaulichen Grundannahmen ausgeht und veränderte Bewußtseinszustände in Forschung und Praxis mit einbeziehen will (UTSCH 2001, 200 ff). Der dortige weltanschauliche Deutungsrahmen ist jedoch von einer asiatisch-monistischen Sichtweise geprägt und zielt in erster Linie auf eine individuelle Bewusstseinserweiterung ab, während Hellinger von hierarchischen Ordnungssystemen ausgeht, die unverkennbar dualistisch angelegt sind.

Im Rahmen der Pastoralpsychologie wurden in den letzten Jahrzehnten intensive Verhandlungen über Möglichkeiten und Grenzen der Zusammenarbeit zwischen Psychotherapie und Seelsorge geführt. Daraus sind nützliche und praktikable Ansätze hervorgegangen, die Einsichten eines hilfreichen therapeutischen Umgangs mit christlichen Grundanliegen verbunden haben (UTSCH 2002). Zu einer derartigen konstruktiven Integration trägt Hellinger aber nicht bei, weil er nach eigenen Aussagen seinen Glauben an den Gott der Bibel verloren hat. Als eine christliche Seelsorgemethode kann das Familienstellen deshalb nicht gelten. Vor diesem Hintergrund sollte auch die Vergabe kirchlicher Räume zum Zweck von Familienaufstellungen geprüft werden. Trotz ihres anderen Grundanliegens vermag sie der Seelsorge dennoch Impulse zu vermitteln, wie es in Ansätzen schon geschehen ist (JOSUTTIS 2000, 189 ff). Der offensichtlich hohe Bedarf nach Beichte, Vergebung und einem durch Symbole unterstützten Neuanfang regt dazu an, weiter an zeitgemäßen Formen für diese zentralen christlichen Rituale zu arbeiten, ohne ihre Inhalte zu verfälschen.

Zusammenfassendes Fazit

Hellinger hat auf Phänomene im zwischenmenschlichen Beziehungen aufmerksam gemacht, die beeindrucken und zumindest im Moment nicht erklärt werden können.

Hellinger hat es versäumt, einen Verstehensrahmen des Phänomens »wissendes Feld« zu entwickeln und daraus ein Therapiekonzept zu entwerfen.

Der Aufstellungsarbeit mangelt es an einer regelrechten Konfliktverarbeitung und einer tragenden therapeutischen Beziehung.

Hellingers Attitüde des Wissenden und seine Immunisierung gegen Kritik macht seine Methode gefährlich für Anwender, die es nicht in ein therapeutisches Konzept einbetten. Nur dann kann es von erfahrenen Therapeuten unter Umständen sinnvoll genutzt werden.

Das inflationäre Aufstellen mit einer quasi-religiösen Heils-Erwartung nach schnellen Lösungen richtet mehr Schaden an als dass es nutzt.

Literatur

AstA MÜNCHEN (Hrsg. 2005): »Niemand kann seinem Schicksal entgehen ...« Kritik an Weltbild und Methode des Bert Hellinger, Aschaffenburg.

DALICHOW, I. (2000): Blick zurück in Liebe, Esotera 10, 28–33.

DOYLE, G. (1999): Forgiveness as an intrapsychic process, Psychotherapy 36/2, 190–198.

HARISHARAN [B. ULSAMER]: Liebe, Freiheit und ... Ordnung. Geht das zusammen? Osho Times 18/21, 12–18.

FINSTERBUSCH, K./MÜLLER, H. A. (Hrsg.) (1999): Das kann ich dir nie verzeihen!? Theologisches und Psychologisches zu Schuld und Vergebung, Göttingen.

GOLDNER, C. (Hrsg.) (2003): Der Wille zum Schicksal. Die Heilslehre des Bert Hellinger, Wien.

GROSS, P. (1999): Ich-Jagd. Im Unabhängigkeitsjahrhundert, Frankfurt.

HELLINGER, B. (1994): Ordnungen der Liebe. Ein Kurs-Buch, Heidelberg.

HELLINGER, B. (2000): Religion, Psychotherapie, Seelsorge, München.

JOSUTTIS, M. (2000): Segenskräfte. Potentiale energetischer Seelsorge, Gütersloh.

KAMPENHOUT, D. v. (2001): Die Heilung kommt von außerhalb. Schamanismus und Familienstellen, Weinheim.

KLEBER, E./SEIBERTH, H. (2002): Familienaufstellungen – das »wissende Feld«? Versuch einer Annäherung. Info 3 (Zeitschrift für Anthroposophie heute) 4/2002,12–16.

McCULLOUGH, M. E./PARGAMENT, K./THORESEN, C. (Hrsg.) (2000): Forgiveness: Theory, Research, Practice, New York.

OTTOMEYER, K. (1998): Psychotherapie, Religion und New Age, Journal für Psychologie 6/4, 16–29.

MARTIN, J. (Hrsg.) (1996): PsychoManie. Der Deutschen Seelenlage, Leipzig.

REMELE, K. (2001): Tanz um das goldene Selbst? Therapiegesellschaft, Selbstverwirklichung und Gemeinwohl, Graz.

UTSCH, M. (2001): Vier Versprechen der Psychoszene, in: Panorama der neuen Religiosität. Sinnsuche und Heilsversprechen im 21. Jahrhundert, Hrsg. R. HEMPELMANN u. a., Gütersloh, 95–204.

UTSCH, M. (2002): Psychotherapie und Spiritualität. Unterschiede zwischen wissenschaftlicher und weltanschaulicher Lebenshilfe, EZW-Text 166, Berlin.

WEIS, H.-W. (1998): Exodus ins Ego. Therapie und Spiritualität im Selbstverwirklichungsmilieu, Zürich.

WOLF, A. (2002): Versöhnung: Die Kunst, neu anzufangen, Psychologie heute 29/8, 20–27.

VITZ, P. (1995): Der Kult ums eigene Ich. Psychologie als Religion, Gießen (amerik. Originalausgabe Michigan 1994).

Juristische und kriminologische Erkenntnisse zu Scientology. Ausgewählte Ergebnisse der interdisziplinären empirischen Studie »Auswirkungen und Risiken unkonventioneller Psycho- und Sozialtechniken«

RAIK WERNER

1. Einführung

Scientology gehört zu den Organisationen, die seit Jahrzehnten als sog. »Sekten« bzw. »Psychogruppen« Gegenstand öffentlicher Diskussion sind. Mitarbeiter und ehemalige Teilnehmer der angebotenen Kurse, die sich von der Scientology-Organisation distanziert haben (»Aussteiger«), schildern immer wieder ihnen widerfahrenes Unheil. Verfassungsschutzbehörden berichten über mögliche Ambitionen der Organisation, das politische und wirtschaftliche System der Bundesrepublik zu verändern. Andererseits waren Verantwortliche der Organisation bislang nur in wenigen Fällen Beschuldigte in strafrechtlichen Ermittlungsverfahren. Der Schwerpunkt forensischer Auseinandersetzungen fand bisher vor den Verwaltungsgerichten statt, wo in einer Vielzahl von Verfahren z. B. darüber zu befinden war, ob Scientology-Vereinen eine straßenrechtliche Sondernutzungserlaubnis für Werbeaktionen zu erteilen ist, ob solchen Vereinen wegen ihrer wirtschaftlichen Betätigung die Rechtsfähigkeit entzogen werden kann oder ob sie der Verpflichtung unterliegen, ihre Tätigkeit beim Gewerberegister anzumelden.

Der vorliegende Beitrag will einen Überblick über ausgewählte Ergebnisse einer interdisziplinären empirischen Studie geben, die sich unter anderem mit kriminologischen und strafrechtlichen Aspekten einer Teilnahme am Programm oder einer Mitarbeit bei der Scientology-Organisation befasste und sich damit bislang wenig diskutierten juristischen Aspekten zuwandte.

2. Vorstellung der Studie

Die Studie wurde in den Jahren 1999 und 2000 im Auftrag des Freistaats Bayern durch das private Institut für Therapieforschung (IFT) in München durchgeführt. Vertreten waren die Fachrichtungen Psychologie, Psychiatrie und Rechtswissenschaft. Geleitet wurde das Projekt von Dr. Heinrich Küfner (Institut für Therapieforschung), Prof. Dr. Norbert Nedopil (Institut für Forensische Psychiatrie der Universität München) und Prof. Dr. Heinz Schöch (Institut für die gesamten Strafrechtswissenschaften der Universität München). Der Verfasser des vorliegenden Beitrags war als Mitarbeiter von Prof. Dr. Schöch für den juristisch-kriminologischen Teil einschließlich einzelner Teile der empirischen Erhebungen (Literaturanalyse, Teil der Betroffenenbefragung) verantwortlich.

Die Studie wurde im Jahr 2002 veröffentlicht. Der juristisch-kriminologische Teil wurde durch den Verfasser separat in überarbeiteter Form als Dissertation veröffentlicht, die sich im Unterschied zum Gesamtbericht ausschließlich auf Scientology konzentriert. Nähere Angaben zu den Veröffentlichungen sowie zu den hier zitierten Werken der Primärliteratur befinden sich am Ende dieses Beitrags.

Bei der Untersuchung handelte es sich um ein Auftragsgutachten für den Freistaat Bayern. Sie wurde initiiert und finanziert durch das Bayerische Staatsministerium für Arbeit und Sozialordnung, Familie und Frauen. Unterstützung durch die Vermittlung von Materialien erfolgte durch das Bayerische Staatsministerium des Innern. Es handelt sich damit um einen Fall klassischer Drittmittelforschung. Gleichwohl war dieser Umstand Anlass zu heftiger Kritik seitens der Scientology-Organisation, auf die unten näher eingegangen wird.

Gegenstand der Studie waren Psycho- und Sozialtechniken, die außerhalb des etablierten Gesundheitssystems angewandt werden. Für sie wurde der Begriff »unkonventionell« als möglichst diskriminierungsfreie Bezeichnung benutzt. Untersucht wurden diese Techniken am Beispiel zweier Organisationen. Zum einen handelte es sich dabei um die Landmark Education GmbH, einen auch nach eigenem Selbstverständnis kommerziellen Anbieter von Lebenshilfe- und Managementseminaren. Zum anderen wurde die Scientology-Organisation als nach eigener Anschauung religiöse Vereinigung als Objekt ausgewählt.

Ziel speziell des juristisch-kriminologischen Teils war es zum einen, die innere Struktur der Organisationen zu beleuchten. Zum anderen sollte untersucht werden, ob und inwiefern der einzelne Teilnehmer im Rahmen seines Engagements bei Scientology Gefahr läuft, Opfer organisationstypischer Straftaten zu werden. Hierzu sollten typische Sachverhaltsmuster mit wahrscheinlicher forensischer Relevanz ermittelt und diese zugleich juristisch beurteilt werden.

Die getroffenen Aussagen basieren auf einer empirischen Datenerhebung. Dazu wurden eine Experten- und eine Betroffenenbefragung sowie eine Analyse von Primärliteratur vorgenommen. Im Rahmen der Expertenbefragung wurden mit Hilfe eines semistandardisierten Fragebogens 20 Personen befragt, die aufgrund ihres unmittelbaren beruflichen Kontakts zu Teilnehmern der untersuchten Organisationen Auskünfte zu den dort angewandten Psycho- und Sozialtechniken geben konnten. In der Betroffenenbefragung wurden 20 Teilnehmer der Landmark Education GmbH und 26 Teilnehmer der Scientology-Organisation befragt, wobei ebenfalls ein halbstandardisierter Fragebogen zum Einsatz kam. Hinzu kamen 20 Befragte aus zwei Einrichtungen der stationären Suchttherapie, die als Kontrollgruppe dienten. Die Primärliteraturanalyse konnte in nennenswertem Umfang nur bei der Scientology-Organisation durchgeführt werden, da nur sie über aussagekräftige schriftliche Selbstzeugnisse verfügt. Untersucht wurden zehn ausgewählte Buchtitel, davon drei jeweils in zwei verschiedenen Auflagen. Nach dem Modell der strukturierenden Inhaltsanalyse wurden anhand eines zuvor festgelegten Rasters Aussagen zu bestimmten Themenbereichen gesammelt. Die Aussagen wurden sodann inhaltlich zusammengefasst und anhand von Zitaten belegt.

Für den juristisch-kriminologischen Teil der Untersuchung wurden nur die Ergebnisse der Betroffenenbefragung und der Primärliteraturanalyse verwendet. Die Betroffenenbefragung verschafft über die individuelle Wahrnehmung des einzelnen Teilnehmers Zugang zu Vorgängen in der Organisation. Die Primärliteraturanalyse stellt dem die quasi offizielle Sicht der Verantwortlichen von Scientology gegenüber und kann vor allem Aufschluss über übergeordnete Strukturen der Organisation geben.

Beeinträchtigt wurde die Qualität der empirischen Untersuchung durch die Verweigerung der Kooperation durch die Scientology-Organisation. Trotz mehrfacher Bitte war diese weder gewillt, für die Betroffenenbefragung gegenwärtig aktive Teilnehmer zu vermitteln, noch war man bereit, für die Primärliteraturanalyse Buchtitel vorzuschlagen und Zugang zu ihnen zu ermöglichen. Begründet wurde die Weigerung mit dem Vorwurf, das geplante Gutachten solle nur dem politischen Meinungskampf gegen Scientology dienen, was aus der Finanzierung durch den Freistaat Bayern deutlich werde. Eine faire und neutrale wissenschaftliche Auseinandersetzung sei nicht zu erwarten.

Folge dieser Einstellung bei Scientology war, dass in der Betroffenenbefragung nur ehemalige Teilnehmer des Programms der Organisation befragt werden konnten (»Aussteiger«). Die Sichtweise aktiver Teilnehmer konnte somit in die Untersuchung nicht einfließen. Das ist bedauerlich, da bei »Aussteigern« eine Tendenz zu einseitig negativen Aussagen über die Organisation zu befürchten ist, so wie umgekehrt bei aktiven Mitgliedern einer allgemein unter starker Kritik stehenden Organisation mit einseitiger Beschönigung zu rechnen ist. Die Primärliteraturanalyse musste sich wegen der verweigerten Kooperation auf solche Werke beschränken, die den Untersuchern über Dritte zugänglich und die nach eigener Einschätzung der Untersucher von Relevanz waren.

Wegen der geringen Fallzahlen kann die Betroffenenbefragung keine repräsentativen Aussagen über die Situation aller Scientology-Teilnehmer in Deutschland treffen. Solche sind auch nicht intendiert. Die Befragung der Teilnehmer wurde weitgehend qualitativ und einzelfallbezogen ausgewertet und ähnelt in ihrer Funktion daher einer Sammlung von Zeugenaussagen.

Die Studie ermöglicht, wie jede mit Stichproben arbeitende empirische Untersuchung, nur eine bestimmte Annäherung an die Wirklichkeit. Sie kann quasi nur Schlaglichter in einen dunklen Raum werfen und beschreiben, was sich im Lichtkegel abbildet. Bei voller Beleuchtung mag sich der Raumgehalt insgesamt anders darstellen als angenommen. Insbesondere der juristisch-kriminologische Teil soll und kann keine Anklageschrift ersetzen. Er soll als Hilfestellung für den juristischen Praktiker dienen, der sich mit einer Strafanzeige oder Zivilklage zu befassen hat, die die Aufarbeitung einer Teilnahme bei Scientology als Hintergrund hat. Da nur negative Erlebnisse einen Teilnehmer zu einem solchen Schritt bewegen werden, sind gerade die Aussagen von »Aussteigern« von Interesse.

Aus dem Vergleich der Ergebnisse der Betroffenenbefragung und der Literaturanalyse ergibt sich zudem, dass das durch die empirische Untersuchung gezeichnete Bild trotz der erzwungenen Beschränkung auf »Aussteiger« nicht zwingend einseitig geraten sein muss. Eine Reihe von Themenbereichen wurde in beiden empirischen Teilen behandelt, z. B. der juristisch sehr interessante Bereich des internen Umgangs mit unerwünschtem Verhalten. Aufgrund der Ausgangssituation waren in beiden Untersuchungen deutlich unterschiedliche Ergebnisse zu erwarten, da bei den befragten »Aussteigern« mit einer negativeren Sicht zu rechnen war als in der Primärliteratur, die von den Verantwortlichen der Organisation bestimmt wird. Trotzdem haben sich hier erstaunlich wenige Unterschiede ergeben. Selbst bei Gesichtspunkten, an denen eine für die Verantwortlichen negative juristische Bewertung anzuknüpfen war, ergaben sich allenfalls marginale Abweichungen. In den wesentlichen Punkten dagegen bestätigten die Teilnehmer die Äußerungen, die sich in der Primärliteratur finden. Das deutet darauf hin, dass das Bild, welches sich aus beiden empirischen Instrumenten ergibt, relativ gut der Wirklichkeit entspricht.

Im Folgenden sollen einzelne Ergebnisse der Studie referiert werden, wobei zunächst auf einige die Organisation als Ganzes betreffende Aspekte eingegangen wird und anschließend Erkenntnisse zu zwei im Zusammenhang mit Scientology ggf. relevanten Straftatbeständen wiedergegeben werden.

3. Übergreifende Aspekte zur Scientology-Organisation

3.1. Zur Einordnung der Scientology-Organisation als Religionsgemeinschaft i. S. d. Art. 4 Abs. 1 Grundgesetz

Die Frage der Einordnung der Scientology-Organisation als Religionsgemeinschaft i. S. d. Art. 4 Abs. 1 GG spielt in der öffentlichen Diskussion bis heute eine große Rolle. Für die meisten juristischen Fragestellungen kann sie dagegen dahingestellt bleiben. Das Grundrecht der Freiheit von Religion und Weltanschauung ist primär ein Abwehrrecht, das vor spezifischen staatlichen Eingriffen in die Ausübung eines Glaubens oder einer weltanschaulichen Überzeugung schützt. In allen anderen Lebensbereichen verschafft es gegenüber rein profaner Betätigung keine Vorteile. Auch eine Kirche und ihre Anhänger müssen sich an die für alle geltenden Regeln halten, solange diese nicht unmittelbar die Religionsausübung betreffen. Seit der Aufhebung des sog. Religionsprivilegs in § 2 Abs. 2 Nr. 3 a. F. Vereinsgesetz in Folge der Anschläge des 11. September 2001 besitzt die Religionseigenschaft der Scientology-Organisation auch für die Frage eines Vereinsverbots keine spezifische Bedeutung mehr.

Die Frage der Einordnung der Scientology-Organisation unter Art. 4 Abs. 1 GG wurde im juristischen Teil der Studie trotzdem behandelt und beantwortet, weil sich aus der Literaturanalyse einige Umstände ergeben haben, die für diese Frage Bedeutung besitzen und die bislang keinen Eingang in die allgemeine Diskussion gefunden haben.

Durch das verfassungsrechtliche Schrifttum und die Rechtsprechung des Bundesverfassungsgerichts sind in den letzten Jahrzehnten bestimmte Leitlinien für die Ausbildung des Religionsbegriffs in Art. 4 Abs. 1 GG entwickelt worden, wobei sich im Lauf der Zeit auch gewisse Akzentverschiebungen ergeben haben. Maßgeblich sind danach zum einen das interne Selbstverständnis einer bestimmten Gruppierung, zum anderen das objektive Erscheinungsbild, dass sie nach außen zeigt. Beide Gesichtspunkte unterliegen einer Wertung, es handelt sich um keine bloße Deskription. Bei der Wertung des äußeren Erscheinungsbildes ist auch die religionswissenschaftliche Beurteilung zu berücksichtigen. Hinzu kommen aber auch andere Gesichtspunkte, etwa die Gewerblichkeit der Organisationstätigkeit oder die Frage, ob das Programm der Organisation ansonsten mit zentralen Wertungen des Grundgesetzes vereinbar ist.

Soweit die Subsumierbarkeit der Scientology-Organisation unter Art. 4 Abs. 1 GG bislang untersucht bzw. in gerichtlichen Entscheidungen behandelt wurde, stand regelmäßig die Beurteilung des äußeren Erscheinungsbildes der Organisation im Mittelpunkt des Interesses. Es wurde diskutiert, ob bestimmte Kritikpunkte am Programm und an der Zielsetzung der Organisation oder am Verhalten gegenüber den eigenen Anhängern geeignet sind, den durch die Organisation erhobenen Anspruch auf eine rechtliche Anerkennung als Religionsgemeinschaft als unbegründet erscheinen zu lassen.

Bislang praktisch nicht in Frage gestellt wurde das Selbstverständnis der Organisation. Vermutlich wurde dazu kein Anlass gesehen, weil die Organisation jedenfalls immer dort einen religiösen Anspruch erhebt, wo die Frage der Religionseigenschaft gerade inmitten steht. Zu untersuchen bleibt, ob das angebliche eigene religiöse Selbstverständnis auch in anderen Äußerungen der Organisation konsequent durchgehalten wird. Die Primärliteraturanalyse eröffnet dazu einen Blick auch auf solche Quellen, die von der Organisation nicht speziell zur Betonung des eigenen religiösen Anspruchs verfasst worden sind.

In den meisten hier untersuchten Schriften der Scientology-Organisation wird der eigene religiöse Anspruch überhaupt nicht thematisiert[1]. Besonders auffallend ist jedoch der Befund in zwei der untersuchten Publikationen, bei denen jeweils zwei zeitlich einige Jahre auseinander liegende Auflagen miteinander verglichen werden konnten. Es handelt sich um »Dianetik. Der Leitfaden für den menschlichen Verstand« (Ausgaben 1989 und 1999) sowie um »Was ist Scientology?« (Ausgaben 1993 und 1998).

a) »Dianetik. Der Leitfaden für den menschlichen Verstand«

Das Buch »Dianetik. Der Leitfaden für den menschlichen Verstand« wurde vom Gründer der Scientology-Organisation L. Ron Hubbard erstmals 1950 veröffentlicht. Es enthält eine umfassende Darlegung der von ihm entwickelten Lehre der »Dianetik«, die trotz der späteren Überhöhung durch die Lehre der »Scientology« bis heute eine wesentliche Grundlage für das Programm der Scientology-Organisation darstellt. In den Schriften der Scientology wird das Werk noch immer als das »Buch Eins« der Scientology gepriesen und seine Lektüre wird jedem neuen Interessenten eindringlich empfohlen[2]. Das Buch wird von der Organisation deshalb bis heute publiziert.

Bei der »Dianetik« handelt es sich um eine Lehre über die Struktur und Arbeitsweise des menschlichen Verstands und die Möglichkeiten seiner Optimierung. Danach teilt sich der menschliche Verstand in einen »analytischen« und einen »reaktiven« Teil auf. Alle normalen mentalen Funktionen sollen dabei grundsätzlich nur durch den »analytischen« Verstand wahrgenommen werden. Beim »reaktiven« Verstand soll es sich dagegen um ein heute funktionsloses Relikt einer früheren Evolutionsstufe des Menschen handeln. Lediglich in Zeiten einer »Bewusstlosigkeit«, d. h. bei einem Ausfall des »analytischen« Verstands, sollen alle Wahrnehmungen in den »Banken« des »reaktiven« Verstands gespeichert werden. Nach der »Dianetik« sollen diese als »Engramme« bezeichneten Speicherungen für zahlreiche mentale Fehlleistungen (»Aberrationen«) verantwortlich und Ursache vieler Krankheiten sein. Die »dianetische Therapie« sieht daher die Löschung aller »Engramme« aus dem »reaktiven Verstand« vor. Dies geschieht durch Fragen, die der »Auditor« genannte Therapeut nach genau vorgegebenem Plan dem zu Behandelnden (dem »Preclear«) stellt und die von diesem beantwortet werden. Dadurch soll es möglich sein, die vorhandenen »Engramme« zu entfernen. Ein »Preclear«, bei dem alle »Engramme« gelöscht wurden, erreicht dadurch den Status »Clear«.

---

[1] Vgl. ausführlich Werner S. 107 ff.
[2] Vgl. »Was ist Scientology?« (1998) S. 105, 108, 164.

Für die Frage der Religionseigenschaft von Scientology ist »Dianetik. Der Leitfaden für den menschlichen Verstand« deshalb von Interesse, weil das Buch aus der Zeit vor der Gründung der »Scientology-Kirche« stammt. Zum Zeitpunkt seiner Erstveröffentlichung hatte Hubbard nach eigener Verlautbarung den religiösen Charakter seiner »Forschung« noch nicht realisiert. Im Buch wird sogar mehrfach ausdrücklich klargestellt, dass es sich um eine rein profane, mit naturwissenschaftlichen Methoden nachvollziehbare Lehre handele[3]. Die »Dianetik« wird als medizinische »Therapie« zur Heilung von Krankheiten vorgestellt. Erst später will Hubbard erkannt haben, dass er mit seiner Forschung den Bereich der menschlichen Seele und damit der Religion betreten haben will, was dann 1954 zur Gründung der ersten Scientology-Kirche durch Hubbards Anhänger geführt haben soll[4].

Es ist daher nachvollziehbar, dass das Buch »Dianetik. Der Leitfaden für den menschlichen Verstand« keinerlei Hinweise auf einen religiösen Anspruch der dort vorgestellten Lehre enthält. Um so mehr muss man allerdings erwarten, dass die Leser in den heutigen Publikationen dieses Buches seitens der Scientology-Organisation darauf hingewiesen werden, dass sich aus den im Buch beschriebenen, vermeintlich profanen Anfängen schon vier Jahre nach der Erstveröffentlichung eine neue Religion entwickelt haben soll. Schließlich vermittelt die Lektüre des 1950 verfassten Texts keine Vorstellung davon, dass die »dianetische Therapie« zur Heilung von Krankheiten inzwischen dank ihres Entdeckers Hubbard zur Basis einer weltweit verbreiteten Religion geworden sein soll.

Die jüngere der beiden untersuchten Neuauflagen von »Dianetik. Der Leitfaden für den menschlichen Verstand« aus dem Jahr 1999 entspricht dieser Erwartung. In zwei kommentierenden Kapiteln werden durch die Herausgeber die Gründung der »Religion Scientology« durch Hubbard und deren Entwicklung bis zur Gegenwart geschildert[5].

Bemerkenswert ist dagegen die 10 Jahre ältere Ausgabe des gleichen Buchs aus dem Jahr 1989. Auch in ihr sind zwei kommentierende Kapitel vorhanden. Allerdings wird dort keinerlei Bezug der »Dianetik« zu Scientology hergestellt. Geschildert werden lediglich die angeblich in den Jahrzehnten nach 1950 errungenen Erfolge der »Dianetik« und Hubbards damit einhergehende Bedeutung als Buchautor. Von der zum Zeitpunkt der Neuveröffentlichung bereits 35 Jahre zurückliegenden Gründung der »Religion Scientology« auf der Basis der »Dianetik« erfährt der Leser in diesen Kapiteln nichts[6]. Selbst die im Anhang enthaltene Adressliste der deutschen Scientology-Vereine gibt ausdrücklich nur darüber Auskunft, wo man »Dianetik-Auditoren« finden kann; der Begriff »Scientology« wird dabei nicht verwendet.

Offenbar haben die Verantwortlichen der Scientology-Organisation die Existenz der »Religion Scientology« noch 35 Jahre nach ihrer Gründung im »Buch Eins« der Scientology nicht für erwähnenswert gehalten.

---

[3] Vgl. WERNER S. 103 (Zitate 1 und 2).
[4] Vgl. »Was ist Scientology?« (1998) S. 48, 584, 585.
[5] Vgl. »Dianetik. Der Leitfaden für den menschlichen Verstand« (1999) S. 571–582.
[6] Vgl. »Dianetik. Der Leitfaden für den menschlichen Verstand« (1989) S. 497–512.

Ähnliche Brüche im eigenen Selbstverständnis der Scientology-Organisation offenbart der Vergleich der Auflagen 1993 und 1998 des Buches »Was ist Scientology?«. Bei diesem Werk handelt es sich um eine umfangreiche Werbeschrift, die sich an Interessierte auch außerhalb der Organisation wendet und 1993 erstmals erschienen ist. Bei der Auflage von 1998 handelt es sich um eine »aktualisierte erweiterte Ausgabe«. Ausführlich werden in dem Buch Entstehung, Struktur und Programm der Organisation vorgestellt. Wie in keinem anderen der untersuchten Bücher wird dabei auch der eigene religiöse Anspruch ausführlich thematisiert.

Beim Vergleich der beiden nur fünf Jahre auseinander liegenden Auflagen ist jedoch festzustellen, dass die Aussagen zum eigenen Religionsanspruch inhaltlich merklich differieren. So sind in der ersten Ausgabe noch deutliche Reminiszenzen an die im Buch »Dianetik. Der Leitfaden für den menschlichen Verstand« enthaltene alte Sichtweise des »Auditings« als Therapie zur Heilung von Krankheiten enthalten. In der Neuauflage von 1998 sind diese weitgehend getilgt. Das »Auditing« wird nun ausdrücklich als »religiöse Praktik« bezeichnet. Bemerkenswert ist dabei die Art und Weise, in der diese inhaltliche Wandlung vollzogen wurde. Sie erfolgte in der Regel nicht durch die Neuformulierung der betroffenen Kapitel oder gar eine Thematisierung der Veränderung als solcher. Vielmehr beschränkte man sich darauf, an zahlreichen Stellen einzelne Begriffe auszutauschen, während man den übrigen Text wortwörtlich übernahm.

Begriffe aus dem Bereich des Gesundheitswesens wurde dabei weggelassen oder durch Begriffe aus dem Bereich Religion ersetzt. Teilweise wurde mit Bezug auf Scientology der Begriff »Religion« schlicht in den Text eingefügt oder die »Philosophie Scientology« in die »Religion Scientology« verwandelt. Angereichert wurde der Text mit Begriffen wie »geistige Natur«, »Seele« und besonders häufig mit dem Adjektiv »spirituell«. Verbal geändert hat sich auch die Funktion des »Auditors«, der in der Erstausgabe als Person, die »Dianetik und Scientology praktiziert«, und an gleicher Stelle in der zweiten Auflage als »Seelsorger der Scientology-Kirche« beschrieben wird[7].

Veranschaulicht sei dies anhand der drei folgenden Textbeispiele aus »Was ist Scientology?«. Nach einem Ausschnitt aus der Fassung von 1993 wird jeweils die Parallelstelle aus der Fassung von 1998 wiedergegeben. Sinntragende Änderungen sind in der zweiten Fassung jeweils unterstrichen.

FASSUNG 1993 (S. 543)

»Die Philosophie Scientology liefert Antworten auf viele Fragen über das Leben und den Tod. Sie umfaßt einen exakten, genau markierten Pfad. Durch die Anwendung der Scientology-Technologie in einer Auditing-Sitzung ist ein Mensch in der Lage, Hindernisse und unerwünschte Zustände zu beseitigen, und kann so mehr zu sich selbst finden.«

---

[7] Umfassende Auflistung der Beispiele und Zitate bei WERNER S. 307.

FASSUNG 1998 (S. 527)

»Die Scientology-<u>Religion</u> gibt Antworten auf viele Fragen über das Leben und den Tod. Sie umfaßt einen exakten, genau markierten Pfad. Durch die Anwendung der Prinzipien der Scientology-<u>Lehre</u> in einer Auditing-Sitzung ist ein Mensch in der Lage, Hindernisse und unerwünschte Zustände zu beseitigen, und kann so mehr zu sich selbst <u>und seiner</u> <u>ursprünglichen geistigen Natur finden.</u>«

FASSUNG 1993 (S. 4)

»Vermindertes Bewußtsein führt jedoch unausweichlich zu Problemen, Schwierigkeiten mit anderen, zu Krankheit und Unglück. Es ist das Ziel der Scientology, diesen Prozeß des abnehmenden Bewußtseins umzukehren und den Menschen im wahrsten Sinne des Wortes aufzuwecken. Mit zunehmender geistiger Klarheit nehmen auch Intelligenz und Verstehen zu und somit die Fähigkeit, mit dem Leben umzugehen. Scientology bietet also Lösungen für die Probleme des Lebens. Das Endergebnis ist gesteigertes Bewußtsein und Freiheit für den einzelnen und die Wiederherstellung seines grundlegenden Anstandes, seiner Tatkraft und Fähigkeiten.«

FASSUNG 1998 (S. 4)

»Vermindertes <u>spirituelles</u> Bewußtsein führt jedoch unausweichlich zu Problemen, Schwierigkeiten mit anderen, zu Krankheit und Unglück. Es ist das Ziel der Scientology, diesen Prozeß des abnehmenden Bewußtseins umzukehren und den Menschen im wahrsten Sinne des Wortes aufzuwecken. Mit zunehmender <u>spiritueller Erkenntnis und der damit verbunde-</u> <u>nen</u> geistigen Klarheit nehmen auch <u>Fähigkeiten</u> und Verstehen zu und somit die Fähigkeit, mit dem Leben umzugehen. Scientology bietet also Lösungen für die Probleme des Lebens. Das Endergebnis ist gesteigertes Bewußtsein und <u>spirituelle</u> Freiheit für den einzelnen und die Wiederherstellung seines grundlegenden Anstandes, seiner Tatkraft und Fähigkeiten.«

FASSUNG 1993 (S. 565)

»Welches Auditing beseitigt körperliche Schmerzen oder Unwohlsein?
   Dianetik-Auditing wird als Hilfe benutzt, um körperliche Schmerzen oder Unwohlsein, die vom reaktiven Verstand herrühren, zu beseitigen.«

FASSUNG 1998 (S. 551)

»Welches Auditing beseitigt körperliche Schmerzen oder Unwohlsein?
   <u>Auditing zielt nicht auf die Behandlung oder Linderung von Schmerzen oder körperli-</u> <u>chem Unwohlsein ab. Ziel ist vielmehr die Erlangung höherer Ebenen spirituellen Bewußt-</u> <u>seins und die Befreiung der Person aus ihren selbst verursachten Verstrickungen der Ver-</u>

gangenheit. Die Befreiung der Seele aus diesen Verstrickungen bewirkt jedoch oft Wunder in viele Richtungen, so daß positive Wirkungen gerade im Bereich von Dianetik-Auditing aufgrund der wiederhergestellten Harmonie zwischen der unsterblichen Seele – dem Thetan – und ihrem Körper von Mitgliedern beschrieben worden sind.«

Sowohl der Befund bei »Dianetik. Der Leitfaden für den menschlichen Verstand« als auch die Differenzen zwischen den beiden Auflagen von »Was ist Scientology?« lassen sich mit einem tatsächlich bestehenden und in sich schlüssigem religiösen Selbstverständnis nicht in Einklang bringen. Ein »religiöses« Selbstverständnis, das sich selbst nicht für nennenswert erachtet bzw. das mit oberflächlichen Textkorrekturen auf Wortebene aus zuvor profanen Äußerungen konstruiert werden kann, bedarf nicht des Schutzes der Religionsfreiheit. Soll dieser einer Vereinigung gewährt werden, so wird von ihr zumindest zu verlangen sein, dass sie sich selbst konsequent als »Religion« bezeichnet. Bei der Scientology-Organisation ist das nicht der Fall. Aufgrund dieses Umstands sowie weiterer Gesichtspunkte wie der gewerblichen Orientierung und dem erhobenen wissenschaftlichen Anspruch[8] ist die Scientology-Organisation nicht als Religions- oder Weltanschauungsgemeinschaft im Sinne des Grundgesetzes anzusehen.

3.2. Kundenbeziehung: Wirtschaftliche Ausrichtung der Scientology-Organisation

Die »Zugehörigkeit« zu Scientology bzw. die aktive Bejahung ihrer Lehre drückt sich in erster Linie durch die Inanspruchnahme entgeltlicher Leistungen der Organisation (Kurse, Bücher etc.) aus. Nur hierdurch kann der einzelne Teilnehmer die durch die Organisation umworbenen Ziele wie etwa den Status »Clear« erreichen. In der Öffentlichkeit wird u. a. deshalb oft der Vorwurf erhoben, der religiöse Anspruch diene der Scientology Organisation nur als Vorwand für rein wirtschaftliche Zielsetzungen. Zu den finanziellen Dimensionen einer Teilnahme bei Scientology und zur internen Bedeutung des Verkaufs von Produkten hat die empirische Untersuchung einige Daten erbracht.

In der Betroffenenbefragung sollten die Teilnehmer angeben, welche Summe sie während ihrer Zugehörigkeit zu Scientology insgesamt für Kurse und sonstige Produkte bezahlten, wie lange diese Zugehörigkeit insgesamt währte, ob sie während dieser Zeit zur Organisation nur in einem Kundenverhältnis standen oder ob sie auch ehrenamtlich oder entgeltlich in der Organisation mitarbeiteten, sowie ob sie durch ihre Zahlungen an Scientology in finanzielle Schwierigkeiten gerieten.

Erwartungsgemäß korrelieren die angegebenen Summen überwiegend mit der Dauer der Beziehung zur Organisation, die bei den 25 Befragten (eine weitere Befragte war als Kind in der Organisation und hatte deshalb selbst keine Ausgaben) zwischen den Extremwerten 0,5 Jahre und 22,5 Jahre lag. Die Summe der Zahlungen an die Organisation lag bei neun Befragten im Bereich von 25 000 DM bis unter 100 000 DM. Zwölf Befragte hatten 100 000 DM und mehr an die Organisation gezalt, davon drei zwischen 400 000 und 500 000 DM. Von

---

[8] Vgl. dazu insgesamt WERNER S. 304 ff.

den 25 Befragten haben 23 bei der Organisation gearbeitet, davon vier ehrenamtlich und 19 entgeltlich. 17 Befragte sind durch ihre Zahlungen in finanzielle Schwierigkeiten geraten.

Sofern die Teilnehmer die Frage nach finanziellen Schwierigkeiten bejahten, wurden sie zur Verdeutlichung noch nach einigen weiteren Umständen gefragt. Neun der 17 Betroffenen gaben an, wegen ihrer finanziellen Lage fremde Hilfe zum Lebensunterhalt benötigt zu haben. 12 Teilnehmern hat die Organisation in Kenntnis der finanziellen Situation weitere Produkte angeboten. 14 Teilnehmer nahmen einen Kredit auf, wobei sich die Höhe der Kredite zwischen 3 000 und 180 000 DM bewegte.

Daraus wird insgesamt deutlich, dass die meisten Befragten trotz entgeltlicher Mitarbeit in der Organisation erhebliche Summen für Produkte und Dienstleistungen an diese bezahlten. Allerdings steht diesen Zahlungen im Regelfall auch eine sehr lange Zugehörigkeit zur Organisation gegenüber.

Mit der Primärliteraturanalyse konnten Aussagen zum Stellenwert der Verkaufstätigkeit innerhalb der Organisation gewonnen werden. Danach steht der Verkauf eigener Produkte deutlich im Vordergrund des Interesses der Scientology-Organisation.

Besonders deutlich wird das anhand einer ausgewerteten Publikation, die 1977 unter dem Titel »Kurs für profimässiges Verkaufen« veröffentlicht wurde und eine Zusammenstellung einschlägiger Richtlinien Hubbards enthält. Sie enthalten Hinweise und Übungen für Verkaufsmitarbeiter der Scientology-Organisation, mit denen diese für den erfolgreichen Verkauf von Waren und Dienstleistungen ausgebildet werden sollen[9]. So wird etwa im »Disseminationsdrill« die Anweisung gegeben, im Gespräch mit potentiellen Kunden zunächst deren persönliche Probleme (ihren »Ruin«) zur Sprache zu bringen und anschließend deutlich zu machen, dass Scientology genau für dieses Problem eine Lösung in Form eines bestimmten Produkts parat habe. Andere Richtlinien geben Hinweise dafür, wie auch bei zögernden Kunden ein Vertragsschluss erreicht werden kann, mit welchen Argumenten auf finanzielle Probleme eines Interessenten reagiert werden kann oder wie bei Kunden der Eindruck erweckt werden kann, es bestehe gerade eine besonders günstige Gelegenheit oder man könne gerade diesem Kunden eine besondere Leistung bieten (»Nur-heute-Verkaufsabschluss«).

Dass sich vergleichbare Richtlinien auch in neueren Publikationen der Organisation finden, demonstriert der »HCO Policy-Letter« vom 16. April 1965, der 1999 im »Band 0« des »Organisations-Führungs-Kurses« veröffentlicht wurde[10]. Dort werden Verkaufsmitarbeitern Hinweise für den psychologischen Umgang mit Interessenten gegeben. So soll man keinerlei Fragen darüber stellen, für welches Produkt genau sich der Kunde interessiert, oder den Kunden zur Entscheidung zwischen Produkten auffordern, da dies den vorhandenen Wunsch des Kunden »abstumpfe«. Stattdessen solle man eine »belehrende, aber freundliche Herangehensweise kultivieren«, dem Interessenten sofort das für ihn passende Produkt benennen und den Verkaufsabschluss in die Wege leiten.

Gegenüber der Öffentlichkeit betont die Scientology-Organisation, dass die eigenen Dienstleistungen nicht im eigentlichen Sinne »verkauft« werden, sondern die Teilnehmer aus Anlass der Inanspruchnahme von Kursen u. ä. »Spenden« an die Organisation entrich-

---

[9] Überblick mit entsprechenden Zitaten bei WERNER S. 155 ff.

[10] HCO PL vom 16. 4. 1965, abgedruckt in »Der Organisations-Führungs-Kurs, Grundlegender Mitarbeiter-Hut Band 0« (1999) S. 555.

ten[11]. Allerdings lässt sich anhand einer Richtlinie Hubbards belegen, dass hier für Verkäufe lediglich eine andere Terminologie eingeführt worden ist. Der »HCO Policy Letter« vom 31. Januar 1983 lag den Untersuchern in zwei zeitlich rund 16 Jahre auseinander liegenden Fassungen vor, die bei ansonsten identischer Wortwahl bei einzelnen Begriffen deutlich differieren, vergleichbar den Änderungen in der zweiten Auflage von »Was ist Scientology?«. Wo in der ersten Fassung noch von »verkaufen« gesprochen wird, ist in der zweiten Fassung von »gegen eine Spende anbieten« die Rede. Während in der ersten Fassung noch »Kunden« genannt werden, wird für sie in der zweiten Fassung der Begriff »Wesen« benutzt:

HCO PL VOM 31. JANUAR 1983 (FASSUNG 1983)

»Der einzige Grund, aus dem es Orgs gibt, ist die Aufgabe, *Materialien und Dienstleistungen an die Öffentlichkeit zu verkaufen und zu liefern und Leute aus der Öffentlichkeit hereinzuholen, an die man verkaufen und liefern kann. Die Zielsetzung ist total befreite Kunden!* Sowohl die erste als auch alle nachfolgenden Organisationen der Kirche wurden ausschliesslich zu diesem Zweck gegründet.« (abgedruckt in »The Auditor« Nr. 191 (1983), zitiert nach der Einstellungsverfügung der Staatsanwaltschaft München I vom 24. 4. 1986, Az. 115 Js 4298/84, Anlage 1)

HCO PL VOM 31. JANUAR 1983 (FASSUNG 1999)

»Der einzige Grund, weshalb es Organisationen gibt, ist die Aufgabe, *ihren Mitgliedern Materialien und Dienste gegen eine Spende anzubieten und zu geben und Personen aus der Öffentlichkeit hereinzuholen, denen man diese anbieten und geben kann. Die Zielsetzung ist vollkommen befreite Wesen.* Sowohl die erste als auch alle nachfolgenden Organisationen der Kirche wurden ausschliesslich zu diesem Zweck gegründet.« (abgedruckt in »Der Organisations-Führungs-Kurs, Grundlegender Mitarbeiter-Hut Band 0« (1999) S. 92)

3.3. Mitarbeiterbeziehung: Bedeutung des internen Normensystems der Scientology-Organisation

Wie bereits oben geschildert, war nach den Ergebnissen der Betroffenenbefragung der weit überwiegende Teil der befragten Teilnehmer entgeltlich als Mitarbeiter in der Organisation tätig. Aus diesem Grund verdient das interne Normensystem der Scientology-Organisation besonderes Interesse, da es die Situation der Mitarbeiter in hohem Maß (deutlich stärker als bei bloßen Kunden) bestimmt. Hierzu wurden über die Primärliteraturanalyse einige Aussagen zugänglich.

Zu dem internen Normensystem der Scientology-Organisation gehört ein internes »Strafrecht«, welches über 200 einzeln aufgelistete Tatbestände enthält. Weit überwiegend handelt es sich um Verhaltensweisen, die im Interesse der Organisation unter Strafe gestellt

---

[11] Vgl. z.B. »Was ist Scientology?« (1998) S. 543. Weitere Nachweise bei Werner S. 162ff.

sind. Zu ihnen gehören z. B. Tatbestände wie »Mangelnde oder sinkende Einnahmen oder Betriebsamkeit in einer Sektion, Einheit, Unterabteilung, Organisation, einem Bereich oder einer Abteilung«, »Vor staatlichen oder öffentlichen Untersuchungen von Scientology feindlich gesinntes Zeugnis abzulegen, um sie zu unterdrücken« oder »Den Schutz der Urheberrechte, der eingetragenen Zeichen, Schutzmarken und eingetragenen Namen von Scientology zu vernachlässigen oder zu unterlassen«[12]. Die meisten dieser Tatbestände können nur durch Mitarbeiter der Organisation begangen werden.

Daneben existiert eine kleinere Zahl von Tatbeständen, die zumindest auch Rechtsgüter des einzelnen Teilnehmers schützen. Dazu gehören Delikte wie »Scientology oder Scientologen einem Risiko auszusetzen«, »Die Ehefrau oder den Ehemann eines anderen zu stehlen oder zu verführen« oder »Das technische Ansehen eines Auditors fälschlich herabzusetzen«[13].

Ein schriftlich fixierter Sanktionskatalog sieht als schwerste »Strafen« u. a. die Verweigerung von Auditing und den Ausschluss aus der Organisation vor[14].

Für Mitarbeiter wird dieses aus Verbotsnormen bestehende Strafrecht zusätzlich durch das Gebot überlagert, sich »ethisch« zu verhalten[15]. Unter der Bezeichnung »Ethik« existiert bei Scientology eine Ordnung, die »ethisches« Verhalten als »Überleben« definiert. Wer sich »ethisch« und damit »gut« verhalten will, muss aktiv zum »Überleben« seiner selbst und der Gruppe, in der er lebt, beitragen. Dabei wird das »Überleben« mit Leistung gleichgesetzt. Je mehr eine Person leistet, um so »ethischer« ist sie. Eine Person, die wenig leistet, verhält sich »unethisch« und damit »böse«. Das Maß der Leistung und damit der eigene »ethische« Status kann über Statistiken ermittelt werden. Anhand der Statistiken kann jedem Teilnehmer ein »Ethikzustand« zugewiesen werden. Als Nullpunkt fungiert dabei der »Ethikzustand« der »Nichtexistenz«, der durch einen »steilen, nahezu senkrecht abwärts« führenden Statistiktrend gekennzeichnet ist. Bei besserer Statistik werden die Zustände »Gefahr«, »Notlage«, »Normales Arbeiten«, »Überfluss«, »Machtwechsel« und »Macht« erreicht. Unterhalb von »Nichtexistenz« folgen die Zustände »Belastung«, »Zweifel«, »Feind«, »Verrat« und »Verwirrung«.

Für den Zustand »Normales Arbeiten« genügt eine stabile Statistik jedoch nicht, vielmehr ist dazu eine »ein bisschen aufwärts gehende« Statistik erforderlich. Für Mitarbeiter der Scientology-Organisation bedeutet das den Zwang, ihre Leistung für die Organisation beständig zu steigern, um den »Ethikzustand« eines »normal arbeitenden« Mitarbeiters erhalten zu können. Über die zahlreichen Tatbestände des internen Strafrechts, die an mangelhafte oder auch nur zurückgehende Leistungen als Mitarbeiter anknüpfen, werden niedrige »Ethikzustände« genauso wie Verstöße gegen Straftatbestände geahndet. Umgekehrt kann die Strafe für ein Vergehen nach internem Recht in der Zuweisung eines niedrigeren »Ethikzustands« bestehen[16]. Internes Strafrecht und »Ethik«-System münden daher teilweise in gleiche Rechtsfolgen.

---

[12] Vgl. »Einführung in die Ethik der Scientology« (1998) S. 323, 331, 336.
[13] Vgl. »Einführung in die Ethik der Scientology« (1998) S. 327, 330.
[14] Vgl. »Einführung in die Ethik der Scientology« (1998) S. 394–396.
[15] Vgl. zum folgenden die Zitate und Nachweise bei WERNER S. 174 ff.
[16] Vgl. z. B. »Einführung in die Ethik der Scientology« (1998) S. 323, 395.

Interesse verdient damit das Konkurrenzverhältnis zwischen diesen beiden Normsystemen. Soweit beide Ordnungen praktisch umgesetzt werden, müssten sich häufig Fälle ergeben, in denen die jeweils zu verhängenden Sanktionen einander widersprechen. Ein hypothetisches Beispiel: Ein in einem Scientology-Verein tätiger »Auditor« kann seine mit Kunden vereinbarten »Auditing«-Sitzungen nicht abhalten, weil sein »Elektrometer«[17] kaputt gegangen ist. In seiner Not stiehlt er ein im Eigentum der Organisation stehendes und gerade nicht verwendetes »E-Meter« und erfüllt damit seine »Auditing«-Verpflichtungen, wobei er eine hervorragende Statistik erzielt. Mit dieser Vorgehensweise hat der Mitarbeiter einerseits einen Diebstahl begangen, der auch nach dem internen Strafrecht der Scientology-Organisation ausdrücklich unter Strafe steht[18]. Andererseits hat er sich in gleichem Zusammenhang aufgrund seiner hohen Leistung als Mitarbeiter sehr »ethisch« verhalten. Nach dem internen Strafrecht verdient er somit Bestrafung, nach dem »Ethik«-System müsste er belohnt werden.

Diese Konkurrenzsituation zwischen den internen Strafnormen (Verbotsnormen) und dem Gebot »ethischen« Verhaltens wird durch die sog. »Kha-Khan-Richtlinie« (»HCO Policy Letter« vom 1. September 1965) geregelt. Danach genießt die »ethische« Einordnung eines Mitarbeiters (d. h. seine Statistik) absoluten Vorrang, wenn er zugleich eine intern mit Strafe bedrohte Handlung begeht. Der wesentliche Abschnitt der Richtlinie lautet im Wortlaut wie folgt:

»Kurz gesagt, ein Mitarbeiter kann ›sich alles erlauben‹[19], solange seine Statistik oben ist; und wenn sie unten ist, kann er nicht einmal ›niesen‹, ohne einen Hieb zu erhalten. (...) In einer Armee aus alter Zeit wurde eine besonders mutige Tat durch die Verleihung des Titels Kha-Kahn anerkannt. Es war kein Rang. Die Person blieb das, was sie war, ABER es wurde ihr zuerkannt, dass ihr, für den Fall, dass sie in der Zukunft etwas Unrechtes tun würde, die Todesstrafe zehnmal vergeben wurde. Das war ein Kha-Kahn. Das ist es, was produzierende Mitarbeiter mit hohen Statistiken sind – Kha-Khans. Sie können ›sich alles‹ erlauben, ohne daß Ethik auch nur blinzelt. (...) Ethik muss alle Disziplinierungen der Organisation nur mit Blick auf die Produktionsstatistik des betreffenden Mitarbeiters verwenden.« (»Einführung in die Ethik der Scientology« (1998) S. 250–252)

Diese Regelung macht deutlich, dass die Organisation ihre wirtschaftlichen Interessen über alle anderen Rechtsgüter stellt, die durch das interne Strafrecht geschützt werden. Besonders bedeutsam ist das bei den Tatbeständen, die Rechtsgüter einzelner Teilnehmer schützen. Für sie ist keine Ausnahme von der »Kha-Khan-Richtlinie« erkennbar. Wird sie auch bei diesen Tatbeständen praktiziert, so greift das interne Strafrecht bei Übergriffen zwischen Mitarbeitern nicht ein, solange der Täter eine höhere Statistik zugunsten der Organisation vorweisen kann als das Opfer. Das bedeutet, dass die Organisation auch den Schutz ihrer eigenen Anhänger notfalls wirtschaftlichem Gewinn unterordnet. Die Interessen der Organisation werden damit generell und ohne Abwägung den Interessen des Einzelnen übergeordnet.

---

[17] Dieses meist kurz als »E-Meter« bezeichnete Gerät dient bei »Auditing-Sitzungen« zur Messung des elektrischen Körperwiderstands des »Preclear«, womit die Löschung von »Engrammen« überprüft werden kann, vgl. die Beschreibung des »Auditings« in »Was ist Scientology?« (1998) S. 82–89.

[18] Vgl. »Einführung in die Ethik der Scientology« (1998) S. 327.

[19] Bekannt geworden ist dieser Text als »HCO Policy Letter« vom 1. September 1965 in einer im Wortlaut leicht abweichenden Fassung, bei der die unterstrichenen Passagen »mit Mord davonkommen« lauteten.

4. Überlegungen zu potentiellen strafrechtlich relevanten Sachverhalten

Wie schon die Bezeichnung nahe legt, werden Übergriffe auf die Willensfreiheit der Teilnehmer in der öffentlichen Diskussion als die größte Gefahr empfunden, die von »Psychogruppen« für den einzelnen ausgeht. Im Rahmen der Studie wurde daher insbesondere untersucht, inwieweit im Zusammenhang mit der Tätigkeit der Scientology-Organisation Sachverhalte denkbar sind, die als strafrechtlich relevante Eingriffe in die Willensfreiheit zu bewerten wären. Als zumindest teilweise einschlägige Straftatbestände ist hier vor allem an Nötigung und Betrug zu denken.

4.1. Nötigung (§ 240 Strafgesetzbuch)

Dieser Straftatbestand schützt umfassend die Freiheit der Willensentschließung und betätigung. Er setzt voraus, dass der Täter vorsätzlich mit Gewalt oder durch Drohung mit einem empfindlichen Übel einen anderen zu einer Handlung, Duldung oder Unterlassung nötigt und dabei verwerflich handelt.

Denkbar sind relevante Vorfälle innerhalb der Scientology-Organisation vor allem dann, wenn Konflikte zwischen Verantwortlichen der Organisation und einzelnen Teilnehmern mit Nötigungsmitteln entschieden werden. Dann stellt sich die Frage, ob eine Sanktionierung nach dem internen Strafrecht der Organisation für den Verantwortlichen eine Strafbarkeit nach den externen Vorschriften des staatlichen Strafrechts begründen kann.

In der Betroffenenbefragung wurden die Teilnehmer jeweils nach einem möglichst gravierenden Konflikt mit der Organisation gefragt, wobei der Anlass des Konflikts, die angedrohte oder vollzogene Sanktion sowie die Haltung des Betroffenen dazu angegeben werden sollte.

Nach den Antworten waren die häufigsten Anlässe für Konflikte Versäumnisse als Mitarbeiter und unerwünschte Äußerungen. Häufigste Sanktionen waren die Verweigerung von Leistungen und der (angedrohte) Ausschluss aus der Organisation, ferner die Anordnung von Arbeits- oder Geldleistungen. Nur wenige Hinweise ergaben sich auf die Anwendung physischer Gewalt, insbesondere in der Form eines Einsperrens in einen abgeschlossenen Raum, wobei selbst bei diesen Fällen jedoch meist von einem Einverständnis des Betroffenen auszugehen war.

Dieser Befund deckt sich hinsichtlich der Anlässe und dem Inhalt von Sanktionen sehr gut mit den im letzten Abschnitt bereits angesprochenen Erkenntnissen aus der Primärliteraturanalyse. Zur Anwendung physischer Gewalt ist allerdings auf Berichte aus der Sekundärliteratur hinzuweisen, in denen Aussteiger von entsprechenden Vorfällen berichten, die sich meist in den USA zugetragen haben sollen. Mitunter lassen diese Berichte jedoch Interpretationsspielräume[20].

Bei der strafrechtlichen Beurteilung anhand des Nötigungstatbestands ist zu beachten, dass es sich bei Sanktionen der Scientology-Organisation um Strafmaßnahmen einer privatrechtlich verfassten Vereinigung handelt, denen sich der »Delinquent« grundsätzlich

---

[20] Vgl. WERNER S. 320 ff.

freiwillig unterwirft. Anders als bei staatlichen Sanktionen kann der Betroffene ihnen entgehen, indem er seine Zugehörigkeit zur Organisation beendet. Die Durchsetzbarkeit derartiger Strafmaßnahmen steht folglich unter dem Vorbehalt, dass der »Delinquent« seine Beziehung zur Organisation selbst aufrecht erhalten und dazu die Sanktionierung in Kauf nehmen will. Der zwangsweise Ausschluss aus der Organisation wird damit zwangsläufig zur stärksten möglichen Sanktion. Anderes würde nur dann gelten, wenn eine Organisation ihre Sanktionen mit physischer Gewalt durchsetzt oder einen Austritt aus der Organisation mit Nötigungsmitteln unterbindet. Für derartiges Vorgehen bei Scientology haben sich in der hier durchgeführten empirischen Untersuchung keine greifbaren Hinweise ergeben.

Man wird derartige Bestrafungen deshalb regelmäßig nicht als ein Nötigungsmittel bewerten können, dass eingesetzt wird, um den »Delinquenten« zu künftigem Wohlverhalten zu zwingen. Denn mit der quasi »freiwilligen« Unterwerfung unter die Strafe lässt diese sich nicht mehr als Zwangsmittel im Sinne des Nötigungstatbestands ansehen.

Strafrechtlich relevant könnten Fälle der Sanktionierung von Teilnehmern allerdings unter anderem Blickwinkel sein: Statt die Bestrafung als Nötigungsmittel einzuordnen, kann ihre Erduldung als Nötigungserfolg angesehen werden, wobei die Androhung des Ausschlusses aus der Organisation als Zwangsmittel fungiert. Diese Sichtweise stimmt jedenfalls mit den empirischen Erkenntnissen überein, wonach zu den Sanktionen vor allem die Verweigerung von Leistungen und an letzter Stelle der Ausschluss aus der Scientology-Organisation bzw. die entsprechende Drohung steht. Es könnte damit durchaus zu Nötigungshandlungen im Sinne des § 240 StGB kommen, wenn Teilnehmer mit der Drohung eines Ausschlusses gezwungen werden, Bestrafungsmaßnahmen über sich ergehen zu lassen. Bei Scientology ist man sich jedenfalls bewusst, dass eine solche Drohung bei einem überzeugten Anhänger massive Wirkung haben kann. Das wird aus dem Text einer Richtlinie Hubbards deutlich, die auszugsweise wiedergegeben sei:

»Das Wesen, das schuldig ist, weiß mit Gewissheit, dass es sich an der Zukunft aller vergeht, ganz gleich, wie seine Manifestationen oder sein Verhalten an der Oberfläche aussehen. Überdies, während das Wog[21]-Gesetz ihm schlimmstenfalls nur etwas Schmerz verursachen kann und den Verlust eines Körpers durch Hinrichtung oder den Verlust der Freiheit für ein Leben, bedrohen wir seine Ewigkeit. (...) Unsere Disziplinierung ist sehr wohl imstande, eine Person verrückt zu machen, aufgrund der Natur dessen, was sie angreift. (...) Durch den Ausschluss aus Scientology bedrohen Sie jemanden mit Vergessenheit für die Ewigkeit.« (»Einführung in die Ethik der Scientology« (1998) S. 401 f.)

Bei der rechtlichen Bewertung ist jedoch zu beachten, dass es jedem Verein grundsätzlich freisteht, seine innere Ordnung notfalls durch den Ausschluss von Mitgliedern durchzusetzen. Der Ausschluss eines Teilnehmers aus der Organisation ist isoliert betrachtet nicht per se rechtswidrig. Zur Aufrechterhaltung der Beziehung oder zum weiteren Verkauf von Produkten ist eine private Vereinigung gegenüber niemandem gezwungen. Verwerflich und damit strafbar nach § 240 StGB können solche Maßnahmen jedoch werden, wenn grob

---

[21] Der Begriff »Wog« wird hier wie folgt definiert: »(Scientology-Slang) ein ganz gewöhnlicher, durchschnittlicher, alltäglicher Humanoider, womit wir eine Person meinen, die sich für einen Körper hält und nicht weiß, daß sie als ein geistiges Wesen überhaupt vorhanden ist.«, vgl. »Einführung in die Ethik der Scientology« (1998) S. 464. Gemeint ist hier also die Rechtsprechung in der außerhalb der Scientology-Organisation bestehenden menschlichen Gesellschaft.

unbillige oder willkürliche interne Regeln durchgesetzt werden. Im Hinblick auf die extreme Bevorzugung der Organisationsinteressen gegenüber den Gütern des einzelnen Teilnehmers im internen Strafrecht sowie im Hinblick auf andere Gesichtspunkte[22] erscheint eine solche Wertung im Einzelfall durchaus möglich. Aus dem empirischen Befund lässt sich jedenfalls schließen, dass bei Scientology Teilnehmer nicht schikaniert werden, um sie zum Verbleib in der Organisation zu zwingen. Vielmehr kann man sie nur schikanieren, weil sie die Organisation nicht freiwillig verlassen wollen.

4.2. Betrug (§ 263 Strafgesetzbuch)

Der Betrugstatbestand erfasst mit der Täuschung eine weitere Form der Willensbeeinflussung. Strafbar ist sie jedoch nur, wenn mit ihr ein materieller Vorteil erstrebt wird. Als Vermögensdelikt setzt ein Betrug voraus, dass der Täter in Bereicherungsabsicht durch die Täuschung über eine Tatsache bei seinem Opfer einen Irrtum verursacht und dieses dadurch zu einer Vermögensverfügung veranlasst, die zu einem Vermögensschaden führt.

An Betrugstaten lässt sich im Zusammenhang mit der Tätigkeit von »Psychogruppen« vor allem beim Verkauf von Dienstleistungen und sonstigen Produkten denken, soweit Interessenten durch unrichtige Angaben zu den Eigenschaften, insbesondere zur Leistungsfähigkeit der Produkte, zum Kauf bewogen werden. Allerdings sind derart zweifelhafte Äußerungen Verantwortlicher beim Verkauf von Angeboten des Psychomarkts meist nicht als Betrug zu werten, weil es sich selten um überprüfbare Tatsachenbehauptungen handelt. Allgemeine Anpreisungen oder auf rein subjektive Befindlichkeiten abzielende Werbeäußerungen sind regelmäßig keine Täuschungen im Sinne des Betrugstatbestands.

In der Primärliteraturanalyse konnte allerdings festgestellt werden, dass zumindest ältere Publikationen der Scientology-Organisation sehr eindeutige Aussagen zu definitiv erreichbaren Wirkungen der angebotenen Kurse enthalten. Derartige Äußerungen werden jedoch in neueren Publikationen deutlich relativiert. Als Beispiel mögen die beiden folgenden Aussagen zur Krankheitsanfälligkeit von Personen dienen, die durch »Auditing« den »Clear«-Status erreicht haben. Das erste Zitat stammt aus dem Buch »Dianetik. Der Leitfaden für den menschlichen Verstand«, das wie oben näher dargelegt 1950 erstmals veröffentlicht wurde. Das zweite Zitat stammt aus der 1998 erschienen 2. Auflage des Werks »Was ist Scientology?«:

»Clears bekommen keinen Schnupfen. Es ist nicht bekannt, welche Rolle der Virus bei einer gewöhnlichen Erkältung spielt (falls er überhaupt eine spielt), jedoch weiß man, daß kein weiterer Schnupfen mehr auftritt, wenn Engramme, die auf irgendeine Weise Schnupfen enthalten, beseitigt werden. Das ist eine experimentell nachgewiesene Tatsache, die nach den bis jetzt vorliegenden Ergebnissen durch 270 Fälle ausnahmslos bestätigt wurde. (...) Durch Engramme wird der Mensch

---

[22] Zum Beispiel im Hinblick auf den Zwang zu ständiger Leistungssteigerung durch das »Ethik«-System, den Zwang zur Beteiligung an Überwachungsmaßnahmen, die Unterbindung von Kritik und die organisationsinterne Veröffentlichung von Aussagen aus dem »Ethik«-Verfahren; vgl. WERNER S. 325.

für eine Reihe von Krankheiten anfällig gemacht, die durch Mikroorganismen verursacht werden, *und daran gehindert, sie bald wieder loszuwerden. Die Tuberkulose gehört dazu.«* (»Dianetik. Der Leitfaden für den menschlichen Verstand« (Neuveröffentlichung 1999) S. 129, 130)

»Bekommen Clears Erkältungen und werden sie krank? Ein Clear kann immer noch krank werden, doch geschieht dies weitaus weniger häufig als in der Zeit, bevor er Clear wurde. Mit anderen Worten, ein Clear hat immer noch einen Körper, und Körper sind manchmal für die verschiedensten Krankheiten anfällig.« (»Was ist Scientology?« (1998) S. 552)

Während im ersten Zitat nachprüfbare Tatsachenbehauptungen aufgestellt werden, die durchaus tauglicher Gegenstand einer Täuschung sein können, wird im zweiten Zitat eine deutliche Relativierung vorgenommen, die bei einer entsprechenden Behauptung wenig Raum für einen Betrugsvorwurf ließe.

Allerdings liegen zumindest der »Dianetik« bis heute naturwissenschaftlich überprüfbare Annahmen zur physischen Struktur des menschlichen Verstands zugrunde. Mit der Anpreisung von »Auditing«- und Ausbildungskursen wird bis heute implizit behauptet, dass der Status »Clear« existiert, dass dieser durch die physische Löschung von »Engrammen« zu erreichen ist und dass diese Löschungsvorgänge über ein »E-Meter« in naturwissenschaftlicher Weise verifiziert werden können. Den Angeboten liegt die Behauptung zugrunde, dass die Kurse bei aller Unsicherheit im Einzelfall dem Teilnehmer zumindest eine Chance bieten können, sich dem »Clear«-Status wenigstens zu nähern.

Entsprechende Behauptungen finden sich in der aktuellen Primärliteratur und werden auch durch die Ergebnisse der Betroffenenbefragung bestätigt. So berichteten Teilnehmer von Versprechungen, wonach man durch Kurse der Scientology-Organisation »Clear werden« könne, »negative Ladungen im Gehirn verlieren« könne oder danach »keine Infektionskrankheiten mehr bekomme«[23]. Es liegt daher nahe, dass sie auch aktuell noch gegenüber Teilnehmern abgegeben werden, um sie zum Kauf von »Auditing«-Kursen zu bewegen. Hierin liegt regelmäßig eine falsche Tatsachenbehauptung, die den objektiven Betrugstatbestand erfüllt.

Eine Strafbarkeit ist jedoch trotzdem kaum anzunehmen, da Verkäufer regelmäßig selbst überzeugte Teilnehmer der Scientology-Organisation sein dürften, die sich mit ihrer Arbeit weitere Kurse verdienen wollen. Hier ist nochmals auf die Erkenntnisse aus der Betroffenenbefragung zu verweisen, wonach ein großer Teil der Befragten in der Organisation mitarbeitete. Bei den Verkaufsmitarbeitern muss deshalb angenommen werden, dass sie von der Richtigkeit ihrer Behauptungen regelmäßig selbst überzeugt sind und somit unvorsätzlich handeln.

---

[23] Vgl. WERNER S. 258, Fälle 16–18.

Veröffentlichungen der Studie

KÜFNER, H./NEDOPIL, N./SCHÖCH, H. (Hrsg.): Gesundheitliche und rechtliche Risiken bei Scientology. Eine Untersuchung psychologischer Beeinflussungstechniken bei Scientology, Landmark und bei der Behandlung Drogenabhängiger. Pabst-Science-Verlag. Lengerich 2002.

WERNER, R.: Scientology im Spiegel des Rechts. Strukturen einer subkulturellen Ordnung zwischen Konformität und Konflikt mit den staatlichen Normen. Neue Kriminologische Studien Band 24. Wilhelm Fink Verlag. München 2002.

»GEGENGUTACHTEN« der Scientology-Organisation wurden veröffentlicht in der Zeitschrift »Religion, Staat, Gesellschaft«, Heft 2/2003, herausgegeben von Gerhard Besier und Hubert Seiwert, Verlag Duncker&Humblot, Berlin 2003.

Zitierte Primärliteratur

»DIANETIK. DER LEITFADEN FÜR DEN MENSCHLICHEN VERSTAND« (Ältere Auflage 1989, Neuere Auflage 1999), L. RON HUBBARD, New Era Publications International ApS (Hrsg.), Kopenhagen.

»EINFÜHRUNG IN DIE ETHIK DER SCIENTOLOGY« (1. Auflage 1989, 2. Auflage 1998), L. RON HUBBARD, New Era Publications International ApS (Hrsg.), Kopenhagen.

»KURS FÜR PROFIMÄSSIGES VERKAUFEN« (1977), L. RON HUBBARD, Publications Department, Advanced Organization, Saint Hill (Hrsg.), Kopenhagen.

»WAS IST SCIENTOLOGY ?« (1. Auflage 1993, 2. Auflage 1998), zusammengestellt von aktiven Mitgliedern der Church of Scientology International, basierend auf den Werken von L. RON HUBBARD, New Era Publications International ApS (Hrsg.), Kopenhagen.

Psychomarkt und Verbraucherschutz in Deutschland

Ingo Heinemann

Mit Psychomarkt ist hier nicht etwa der Austausch von Ideen gemeint, sondern der Verkauf von Lehren, Methoden und Waren, nach heutigem Sprachgebrauch in der Wirtschaft also von »Produkten«.

Wo etwas verkauft wird, ist Verbraucherschutz nötig. Es ist also eine Selbstverständlichkeit, dass Psychomarkt und Verbraucherschutz zusammen genannt und behandelt werden. Der Psychomarkt hat kulturelle Aspekte und wirtschaftliche Aspekte. Diese Unterscheidung ist bedeutsam für die Aufstellung von Beurteilungskriterien. Denn so viel lässt sich schon jetzt sagen: Wer sich mit etwas befasst, der beurteilt und der benötigt dafür Kriterien.

Auch kulturelle und religiöse Inhalte des Angebots unterliegen qualitativen Merkmalen. Diese sind allerdings schwierig aufzustellen und geraten leicht in Konflikt mit der Neutralität, die in manchen Bereichen gewünscht oder gefordert wird.

Wirtschaftliche Kriterien hingegen sind verhältnismäßig einfach aufzustellen und zu prüfen. Wirtschaftliche Kriterien sind weitgehend identisch mit denen des Verbraucherschutzes. Neben Qualität und Preisen geht es dabei auf dem Psychomarkt insbesondere um Risiken und Nebenwirkungen.

Auf dem Psychomarkt werden Waren oder Leistungen verkauft, die angeblich oder tatsächlich auf die Psyche einwirken. Es werden Dienstleistungen für Gesundheit, Befindlichkeit und Leistungsfähigkeit angeboten und mit emotional besetzten und psychisch wirksamen Begriffen beworben. In erster Linie verkauft der Psychomarkt Gesundheits- und Glücksbefinden. Hinzu kommt ein umfangreiches Warensortiment, zu dem auch Heilmittel und Lebensmittel gehören. Diese beinhalten ein beträchtliches Gefahrenpotential für den Verbraucher, insbesondere in der Kombination mit Dienstleistungen.

Auf dem Psychomarkt werden vielfach Symptome psychischer Krankheiten als erstrebenswerte Zustände verkauft und kostenpflichtige Unterweisungen angeboten, mit denen man diese Zustände herbeiführen kann. Meist wären diese Produkte ohne die angebliche Psycho-Wirksamkeit nicht verkäuflich.

Der Kunde kennt in der Regel nur die Beschreibung der Produkte und die ist identisch mit der Werbung. Das ist eine der Besonderheiten des Psychomarktes.

Eine Prüfung dieser Produkte durch den Staat findet nicht statt. Es gibt kein Psychoproduktgesetz. Allenfalls Arzneimittelgesetz und Lebensmittelgesetz können im Einzelfall anwendbar sein.

Verbraucherschutz

Wo etwas verkauft wird, ist Verbraucherschutz nötig. Verbraucherschutz hat zwei große Teilbereiche: Beratung vor dem Kauf und Hilfe bei Beschwerden.

Beratung vor dem Kauf wird auch auf dem Psychomarkt immer häufiger nachgefragt. Es wird sogar schon nach empfehlenswerten Gurus gefragt. Meist geht es bei solchen Anfragen aber um typische Gesundheitsprodukte und deren Anbieter. Je weniger konkret das Angebot beschrieben ist, umso mehr muss der Interessent sich mit der Seriosität des Anbieters befassen.

Nachfrage nach Hilfe bei Beschwerden war der Grund für die Entstehung der Sektenberatung. Bei der Beratung kann es um Geld gehen, um Hilfe beim Ausstieg aus einer Gruppe, um die Frage nach Selbsthilfegruppen, aber auch um Fälle psychischer Schädigung.

Darüber hinaus ist Verbraucherschutz ein Rechtsprinzip im europäischen Recht. Das hängt sicher auch damit zusammen, dass die Gesetze vieler Länder theorielastige Begriffe enthalten, die dem Normalbürger unverständlich sind und die kaum in andere Sprachen übersetzt werden können. Die Begriffe Verbraucher und Verbraucherschutz hingegen sind länderübergreifend und ohne vorheriges Studium verständlich.

Weil Verbraucherschutz ein Rechtsprinzip im europäischen Recht ist, wurde der Begriff Verbraucher jetzt auch in das BGB eingeführt, das Bürgerliche Gesetzbuch. Deshalb gibt es jetzt auch Verbraucherschutz-Ministerien. Und schon lange gibt es den Sammelbegriff Verbraucherrecht.

Hinter dem Begriff Verbraucherschutz steht also mehr, als nur Hilfe für den Verbraucher. Deshalb ist die Frage berechtigt:»Was ist Verbraucherschutz?«. Auf diese Frage liefert die Internet-Suchmaschine nur einige wenige Antworten. Keine davon stammt vom Bundesministerium für Verbraucherschutz, keine davon stammt vom Bundesverband der Verbraucherzentralen. Eine der wenigen brauchbaren Antworten stammt vom Berliner Senat:

Was ist Verbraucherschutz?
– Verbraucherschutz ist ein wichtiger Teil der Bürgergesellschaft.
– Verbraucherschutz dient dem *Schutz* der Gesundheit und dem Schutz der wirtschaftlichen Interessen sowie der *Wiedergutmachung* erlittenen Schadens, der *Unterrichtung* und *Aufklärung* über Waren und Dienstleistungen sowie der damit u. U. verbundenen Gefahren und Missbräuche.
– Verbraucherschutz impliziert ein Recht auf Vertretung durch die Verbraucherzentralen u. a.
(http://www.berlin.de/sengsv/verbraucherschutz/verbraucherschutz.html)

Wie das formuliert wird, hängt natürlich davon ab, ob nach den abstrakten Interessen formuliert wird oder danach, was die Interessenten fragen.

»Wiedergutmachung erlittenen Schadens«: Das ist Betroffenenberatung. Dazu gehören Reklamationsberatung, Beratung über die Möglichkeit der Kündigung von Verträgen und über die Aussichten, den Verlust ersetzt zu bekommen.

Verbraucher-Beratung

Zum Verbraucherschutz gehört Verbraucherberatung. Eine Definition der Beratung war im Verbraucherschutz bisher offenbar nicht erforderlich.

Anders bei der Psychomarkt-Beratung, die ja bis heute vielfach nur als Sektenberatung existiert. Dort wollen einige wenige Berater nur eine bestimmte Form der Hilfe für eine bestimmte Problemgruppe als Beratung gelten lassen und definieren diese Beratung als »psychologische Beratung«. Alles andere wird als bloße Vermittlung von Information dargestellt. Deshalb hat die AGPF-Aktion für Geistige und Psychische Freiheit - Bundesverband Sekten- und Psychomarktberatung e. V. (zu deren Vorstand der Verfasser gehört) einen Beratungsbegriff entwickelt und in der Website www.AGPF.de veröffentlicht:

»Beratung ist die Anwendung von Informationen für einen bestimmten Interessenten, für dessen Einzelfall aufbereitet unter Anwendung von Sachkenntnissen (z. B. über bestimmte Anbieter oder Sekten, deren Angebote, Methoden und Gefahren) oder Fachkenntnissen (z. B. Psychologie, Recht)« (www.AGPF.de/Beratung.htm).

Es kommt demnach weder darauf an, ob diese Beratung durch ein persönliches Gespräch, telephonisch, schriftlich oder per E-Mail erfolgt. Ebenso wenig kommt es auf die Dauer der Beratung an. Gerade ein hoch spezialisierter Berater kann in manchen Fällen sofort erkennen, worauf es ankommt. Hier kann ein Telephonat von wenigen Minuten ausreichen. In anderen Fällen ist gerade das Gespräch selbst die Beratung.

Auf einigen Gebieten gibt es Einschränkungen: Rechtsberatung dürfen nur Rechtsanwälte vornehmen. Alle anderen machen sich strafbar. Diagnose und Behandlung von Krankheiten dürfen nur von approbierten Ärzten oder Psychologen oder zugelassenen Heilpraktikern vorgenommen werden.

Prävention

Zu Verbraucherschutz gehört auch die Verhinderung künftiger Schäden.

Ein wichtiges Instrument dafür ist die *Produktkritik*. Die bekannteste Form der Produktkritik ist der Warentest. Dabei geht es um die Feststellung der tatsächlichen Eigenschaften des Produktes, die keineswegs immer mit den versprochenen Eigenschaften übereinstimmen müssen. Es geht weiter um das Preis-Leistungs-Verhältnis und um Risiken und Nebenwirkungen. Bekanntester Ausüber solcher Produktkritik ist die Stiftung Warentest. Zahlreiche andere Organisationen und Publikationen gehen inzwischen nach ähnlichen Maßgaben vor. Längst ist es auch üblich, Dienstleistungen einer Produktkritik zu unterziehen, auch wenn dafür vielfach die unterschiedlichsten Begriffe benutzt werden. Selbst Produkte ohne unmittelbaren Nutzen werden einer solchen Produktkritik unterzogen, etwa in Form von Theaterkritik oder Literaturkritik, welche für den wirtschaftlichen Erfolg oder Misserfolg durchaus maßgeblich sein können.

Es war kaum je davon zu hören, dass Theaterkritiker wegen einer Kritik auf Schadensersatz verklagt wurden. Die Stiftung Warentest hingegen hatte sich Anfangs zahlloser solcher Angriffe zu erwehren. Aber letztlich bezweifelt heute niemand mehr, dass es ein Recht zur Produktkritik gibt.

Produktkritik kann auf subjektiven Kriterien beruhen, etwa wenn jemand schreibt, »Mein Geschmack ist das nicht«. Bei Produkten, die überwiegend aus Nützlichkeitserwägungen gekauft werden, stehen objektive und nachprüfbare Kriterien obenan, etwa: »Nicht besser als andere Produkte, aber doppelt so teuer«.

Das Klagerecht der Verbraucherverbände

Ebenfalls der Prävention dient das Klagerecht der Verbraucherverbände. Mit Bestrafung hat das nichts zu tun, sondern nur mit der Änderung der Zustände für die Zukunft. Dabei geht es hauptsächlich um unlautere Werbung und unangemessene Geschäftsbedingungen. Dasselbe Klagerecht haben im Übrigen auch die jeweiligen Konkurrenten. Auf dem Psychomarkt machen die Verbraucherverbände bisher nur sehr zurückhaltend Gebrauch von diesem Instrument.

1975 wurde erstmals von dem Klagerecht gegen unlautere Werbung einer Sekte Gebrauch gemacht. Damals wurde die Scientology-Organisation wegen des Ansprechens von Straßenpassanten zum Zweck des Verkaufs verklagt. Der Scientology-Organisation wurde das Ansprechen von Passanten zum Zweck der Anbahnung von Geschäften verboten. Die Scientology-Organisation hat selbstverständlich schon damals behauptet, es handele sich nicht um Werbung, sondern um die Verbreitung von Glaubensinhalten. Genützt hat das nichts. Das Gericht hat damals entschieden:

»Die Werbung für Bücher und Kurse durch Ansprechen von Straßenpassanten (ist) anstößig und aufdringlich ... und (muß) daher im Sinne von § 1 UWG als sittenwidrig und unzulässig angesehen werden. Ferner kann der Beklagte auch nicht dadurch, daß er sich als Kirche bezeichnet, sein Verhalten der wettbewerbsrechtlichen Beurteilung entziehen. Da die Scientology Kirche ihr Gedankengut vorwiegend in den Formen des geschäftlichen Verkehrs, nämlich gegen Entgelt, verbreitet, muß sie sich insoweit auch den auf dem Gebiet des Wettbewerbs geltenden Regeln unterwerfen« (Oberlandesgericht Stuttgart 2 U 171/75 Beschluss vom 30. 3. 1976)

Tatsächlich hat die Scientology-Organisation das Ansprechen von Passanten in allen möglichen Varianten bis heute fortgesetzt. Das hat verschiedene Gründe. Erstens gilt ein Urteil immer nur zwischen den Parteien. Wenn also ein neuer Verein auftaucht, müsste auch der verklagt werden. Und zweitens kann man ein zivilrechtliches Urteil nicht von der Polizei vollstrecken lassen. Dazu bedarf es eines Bestrafungsverfahrens vor demselben Gericht. Solche Verfahren sind aufwendig und – wie jedes Gerichtsverfahren – immer mit einem Risiko behaftet. Wohl deshalb wurde kein einziges Bestrafungsverfahren durchgeführt.

Weitere Prozesse mit dem Klagerecht aus dem Gesetz gegen den unlauteren Wettbewerb (UWG) wurden kaum noch geführt.

Durch konsequente Anwendung des Gesetzes gegen den unlauteren Wettbewerb (UWG) könnte zweifellos ein großer Teil aller Missstände auf dem Psychomarkt beseitigt werden.

Verbandsklage kann auch gegen unangemessene Geschäftsbedingungen erhoben werden. Oft steht zum Beispiel an versteckter Stelle ein Satz in Prospekt, wonach der Teilnehmer »Verantwortung für sich selbst« zu übernehmen hat. Dem Kontext nach ist das meist ein Haftungsausschluss. Dieser wäre zwar im Einzelfall unwirksam. Aber nur für den, der das weiß und sich auch wehrt. Gegen solches Kleingedruckte kann Verbandsklage erhoben werden. Es gibt kaum einen Vertrag, bei dem nichts zu beanstanden wäre.

Marktbeobachtung

Wer von diesen Rechten Gebrauch machen will, muss nicht nur einschlägige Fachkenntnisse haben. Er muss vor allem auch den Mark kennen. Also muss Marktbeobachtung durchgeführt werden.

Die Beobachter des Psychomarktes folgen zumindest teilweise eher idealistischen Motiven. Manche wollen Sekten bekämpfen, manche das Abendland retten. Andere wollen bestimmten wissenschaftlichen Betrachtungsweisen einen angemessenen Platz verschaffen. Letztlich tragen aber alle zu einer Verbesserung der Transparenz bei. Marktbeobachtung ist deshalb Voraussetzung für wirksamen Verbraucherschutz.

Viele Anbieter bezeichnen ihr Angebot als einzigartig. Wer solche Alleinstellungswerbung betreibt, setzt sich in den meisten Branchen einem hohen Prozessrisiko aus, weil solche Werbung nur in sehr engen Grenzen überhaupt zulässig ist.

Dasselbe Argument benutzen manche Anbieter des Psychomarktes aber auch, um Kritikern ihre Kritik gerichtlich untersagen zu lassen. Auch hier kann nur die Marktbeobachtung ergeben, ob das Angebot wirklich einzigartig ist, oder ob es sich nur um eine andere Bezeichnung für längst vorhandene und vergleichbare Angebote handelt.

Und schließlich ist Marktbeobachtung nötig, damit Interessenten neutrale Auskünfte über Angebote erhalten können.

Marktbeobachtung führt meist dazu, dass ein Archiv angelegt wird, eine Dokumentation. Dazu mehr unten.

Sektenberatung und Verbraucherschutz

Sektenberatung beinhaltet meist auch Verbraucherschutz. Sektenberatung wird etwa in der Hälfte der Fälle von den Sekten- und Weltanschauungsbeauftragten der Kirchen durchgeführt. Deshalb kann man sagen, dass die Sekten- und Weltanschauungsbeauftragten der Kirchen seit jeher Verbraucherschutz betreiben, auch wenn sie ihre Tätigkeit anders definieren. Denn auch die Sektenbeauftragten informieren über Angebote, Risiken und Nebenwirkungen.

Das gilt auch für die Vereine, die heute noch vielfach als »Initiativen« bezeichnet werden. Denn viele dieser Vereine sind als »Elterninitiativen« entstanden, manche vor Jahrzehnten. Ursprünglich haben sich Sekten überwiegend an junge Leute gewandt, insbesondere, nachdem 1974 das Volljährigkeitsalter von 21 auf 18 herabgesetzt wurde. Die jungen Leute haben oft die Ausbildung und familiäre und persönliche Beziehungen abgebrochen und das Elternhaus verlassen. Eltern haben damals ihre Erfahrungen und insbesondere ihre Informationen über diese Gruppen ausgetauscht. Bereits dieser Informationsaustausch und die Weitergabe der Informationen hat Verbraucherschutz beinhaltet, auch wenn das damals kaum jemand so verstanden hat.

AGPF und Verbraucherschutz

Die AGPF-Aktion für Geistige und Psychische Freiheit – Bundesverband Sekten- und Psychomarktberatung e. V. wurde 1978 als »Arbeitsgemeinschaft der Elterninitiativen« gegründet. Zunächst hat die AGPF ihre Beurteilungskriterien aus dem kulturellen Bereich genommen. In der ersten Satzung von 1978 hieß es: »Der Verein will religiösen und ideologischen Mißbräuchen, durch die vor allem junge Menschen geistig und psychisch Schaden erleiden, entgegentreten«.

Alsbald wurde deutlich, dass mit der Feststellung des religiösen Missbrauchs wohl auch eine Definition von Religion verbunden sein dürfte. 1991 hat die AGPF die Satzung deshalb geändert. Jetzt hieß es: »Der Verein will durch Aufklärung und Beratung ideologischen und kultischen Gemeinschaften entgegenwirken, welche die Entscheidungsfreiheit des Menschen so beeinflussen, daß dieser in geistige und psychische Abhängigkeit geraten kann.«

1995 wurde daraus: »Der Verein will durch Aufklärung und Beratung Hilfe bei der Beurteilung von Angeboten geben, welche die Entscheidungsfähigkeit des Menschen so beeinflussen könnten, daß dieser in geistige und psychische Abhängigkeit geraten kann.«

Diese Änderungen zeigen die in solchen Fällen übliche allmähliche Meinungsbildung. 1978 wollte der Verein »religiösen und ideologischen Mißbräuchen ... entgegentreten«. Seit 1995 will der Verein »durch Aufklärung und Beratung Hilfe bei der Beurteilung von Angeboten geben«.

Damit war der Schritt von der kulturellen Arbeitsgrundlage zum Verbraucherschutz als Basis der Arbeit vollzogen.

Beurteilungskriterien

Verbraucherschutz beinhaltet Kritik. Kritik an Anbietern und Produkten kann zur Folge haben, dass der der Absatz des einen Anbieters zusammenbricht und der eines anderen gefördert wird. Es können somit wirtschaftliche Vorteile und Nachteile entstehen.

Wer Kritik übt, läuft somit Gefahr, Schadensersatzansprüchen ausgesetzt zu werden. Die Kritik muss also berechtigt sein. Und zwar nicht nach der persönlichen Meinung des Kritikers, sondern nach objektiven Kriterien.

Nur objektive Beurteilungskriterien schützen vor Schadensersatzansprüchen. Dasselbe gilt für Warnungen vor Gefahren. Vor solchen Warnungen muss festgestellt werden, ob wirklich eine Gefahr besteht. Ein früherer Unfall ist lediglich ein Indiz dafür, dass früher einmal eine Gefahr bestanden hat. Es muss deshalb in jedem Stadium geprüft werden, ob die Gefahr noch immer besteht. Eine Warnung beinhaltet immer die Prognose, dass zukünftig ein Schaden eintreten kann. Auch hier sind also objektive Beurteilungskriterien erforderlich.

Solche Kriterien wurden schon bisher angewandt. Es geht also nicht darum, das Rad neu zu erfinden. Es gibt auch bereits Checklisten, die solche objektiven Kriterien für den Psychomarkt beinhalten.

Die Kriterien müssen nicht nur vorhanden sein, sie müssen auch mit Sorgfalt angewandt werden. Jeden, der öffentliche Kritik übt, die jemanden schädigen kann, trifft eine solche Sorgfaltspflicht. Dabei gilt ein Grundsatz, der selbstverständlich ist: Je härter und je persönlicher eine Kritik ist, desto größer sind die Sorgfaltspflichten.

Es war deshalb nicht überraschend, dass der Bundesgerichtshof (III ZR 224/01) in einem Prozess um Äusserungen eines kirchlichen Sektenbeauftragten geurteilt hat, ein solcher Beauftragter habe bei seinen öffentlichen Äusserungen in etwa dieselben Sorgfaltspflichten zu beachten, die auch für Journalisten gelten. Von Seiten mancher Psychomarkt-Anbieter wurde dieser Prozess wie ein künftiges Verbot jedweder Kritik gefeiert. Davon kann keine Rede sein. Die Besonderheit lag lediglich in dem Gerichtsverfahren. Die Vorinstanz war nämlich davon ausgegangen, dass es sich bei den fraglichen Äusserungen um Meinungen gehandelt hat. Meinungen unterliegen dem Grundrecht der Meinungsfreiheit und sind deshalb gerichtlich kaum nachprüfbar. Deshalb hatte das Gericht auch keinen Beweis erhoben. Der BGH verwies den Prozess zur Beweiserhebung zurück und zählte auf, was dabei alles zu beachten sein würde. Diese Aufzählung wurde vielfach fälschlich als eine Art Katalog der bewiesenen Vorwürfe gegen den Beauftragten gedeutet. Zu der Beweisaufnahme ist es dann allerdings nicht mehr gekommen. Es wurde ein Vergleich geschlossen. Die beklagte Kirche als Arbeitgeber des Beauftragten bezahlte dem Kläger 3,5 % des ursprünglich geltend gemachten Betrages. Gleichwohl erhält man noch immer rund 100 Fundstellen, wenn man im Internet das Aktenzeichen des Urteils sucht. Es wird wohl noch lange Zeit als Beweis für angebliche Unzulänglichkeiten der Beratung herhalten müssen.

Eines aber hat der Prozess gezeigt: Dass es sinnvoll ist, die Grundlage der Kritik beizeiten zu dokumentieren. Zumal die letzten Änderungen der Prozessgesetze ohnehin verlangen, dass alles, was entscheidungserheblich sein kann, zum frühestmöglichen Zeitpunkt auf den Tisch gelegt wird. Wer prozessiert, wie man pokert, und erst mal abwartet, was der andere hat, der riskiert künftig, dass sein Vorbringen als verspätet zurückgewiesen wird.

Dokumentation

Wer Produktkritik betreibt, der unterliegt einer gesteigerten Sorgfaltspflicht. Dieser ist nur mit Hilfe objektiver Beurteilungskriterien zu genügen.

Man sollte sich nicht darauf verlassen, dass man ja nur eine Meinung äussere und dass diese vom Grundrecht der Meinungsfreiheit gedeckt sei. Ob wirklich eine solche Meinungsäußerung vorliegt, hängt im Einzelfall von zahlreichen Faktoren ab. So auch davon, in welchem Kontext die Äusserung benutzt wurde. Dies lässt einem Gericht Spielraum für Wertungen, deren Ausgang letzlich kaum abzuschätzen ist. Der Unterschied zwischen Tatsachenbehauptung und Meinungsäußerung eignet sich somit nicht als Grundlage kritischer Äußerungen.

Wer Produktkritik betreibt, sollte deshalb die Grundlage seiner Kritik dokumentieren. Das gilt zum einen für die Grundlage der jeweiligen Urteilsbildung. Dafür wird es in vielen Fällen genügen, die vorhandenen Unterlagen auffindbar an der richtigen Stelle abzulegen und vor allem auch die eigenen Notizen beizufügen. Denn aus diesen lässt sich später nicht selten der Prozess der Meinungsbildung rekonstruieren. Wer nicht dokumentiert hat, wie er zu einem Urteil gekommen ist, der kann später nur sehr schwer nachweisen, dass er die Sorgfaltspflicht beachtet hat. Wer also Schadensersatzansprüche vermeiden will, sollte dokumentieren, wie er zu einem negativen Urteil gelangt ist.

Zum anderen aber ist die erwähnte Marktbeobachtung kein Selbstzweck, sondern dient der Schaffung einer Beurteilungsgrundlage. Die Marktbeobachtung wird deshalb in aller Regel ein Archiv oder eine Dokumentation als Ergebnis haben.

Archive und Dokumentation sind keinesfalls nur für wissenschaftliche Arbeit erforderlich. Sie dienen auch der Schaffung einer Beurteilungsgrundlage und dem Schutz vor Fehlurteilen.

Auch noch so umfangreiche Marktbeobachtung ist auf Dauer nutzlos, wenn die Ergebnisse nicht gesammelt werden. Die erarbeiteten Beurteilungskriterien müssen auf die tatsächlichen Verhältnisse angewandt werden und dieser Vorgang muss festgehalten werden. Das Dokumentieren und Archivieren war früher eine aufwendige Sache, da es meist nach Stichworten in Ordnern erfolgt und viele Unterlagen mehrere Rubriken betrafen.

Heute genügt es, die Unterlagen mit Jahrgang und fortlaufender Nummer abzulegen und den Inhalt mit aussagekräftigen Stichworten im Computer in ein Inhaltsverzeichnis einzutragen. In der Regel lohnt es sich sogar, solche Verzeichnisse nachträglich anzulegen und damit scheinbar ungeordnete Archive zu »erschließen«.

Meist reicht es aus, solche Listen mit einem normalen Textprogramm zu führen. Mit Hilfe von dessen Suchfunktion lässt sich dann der Standort der jeweiligen Unterlagen leicht finden, wenn man die Unterlagen mit auffindbaren Begriffen bezeichnet hat. Die Verwendung solcher normalen Textprogramme hat den Vorteil, dass auf die entstandene Liste auch nach Änderung der Programme noch problemlos zugegriffen werden kann. Spezielle Programme, etwa für sogenannte Datenbanken, haben oft nur eine kurze Lebensdauer und manches Archiv ist auf diese Weise schon verschwunden oder unbrauchbar geworden.

Auch Internet-Inhalt sind zu archivieren. Da jede Internet-Seite aus zahlreichen Einzelteilen und damit Dateien bestehen kann, empfiehlt sich die Verwendung eines Programms, welches aus den typischen HTM-Dateien solche im PDF-Format erzeugt, die Datum und Herkunft enthalten, später kaum noch verändert werden können und deshalb einen gewissen Beweiswert haben.

Zusammenfassung

– Verbraucherschutz auf dem Psychomarkt beinhaltet die Beurteilung von Waren, Leistungen und Anbietern.
– Eine solche Beurteilung sollte nach objektiven Kriterien erfolgen.
– Zur Erarbeitung und Aktualisierung solcher Kriterien ist Marktbeobachtung erforderlich.
– Die Ergebnisse dieser Marktbeobachtung sollten archiviert und dokumentiert werden.
– Bei der Beurteilung im Einzelfall sind Sorgfaltspflichten zu beachten. Deren Beachtung muss im Ernstfall nachgewiesen werden. Die Beurteilung sollte im Einzelfall ebenfalls dokumentiert werden, damit auch der Nachfolger die Urteilsbildung nachvollziehen kann.

Nichts daran ist wirklich neu. Zahllose E-Mails zeugen vom alltäglichen Austausch von Informationen, der Beschaffung objektiver Beurteilungsgrundlagen und der gegenseitigen Hilfe dabei. Und zwar erstaunlich unabhängig von der Branche, in welcher der Beurteiler tätig ist oder ob er beruflich oder ehrenamtlich tätig ist. Denn immerhin sind hier Pfarrer, Theologen, Psychologen, Pädagogen und Juristen tätig und etliche andere Berufe sowie etliche Rentner. Psychomarktberatung ist also eine fraglos interdisziplinäre Tätigkeit.

Politische und juristische Perspektiven des Psychomarktes in Deutschland

BRIGITTA DEWALD-KOCH

Problembestimmung

Die öffentliche Auseinandersetzung um die Aktivitäten so genannter neureligiöser Gruppen und Psychogruppen wird bestimmt durch die Diskussion um das Konfliktpotenzial, das von den Angeboten, die auf Sinnstiftung oder Lebenshilfe abzielen, für den Einzelnen, den Staat und die Gesellschaft ausgeht oder ausgehen könnte.

Wir treffen in diesem Zusammenhang auf einen, je nach Sichtweise der an der Diskussion Beteiligten oder dem Ausmaß persönlicher Betroffenheit, kontrovers geführten Meinungsstreit, der demzufolge auch unterschiedliche Erwartungen bezüglich notwendiger (staatlicher) Maßnahmen zur Aufklärung, zur Gefahrenabwehr oder zum Schutz des Verbrauchers vor einem unüberschaubar gewordenen Markt an sinnstiftenden Möglichkeiten und gewerblichen Lebenshilfebewältigungsangeboten auslöst.

Mit anderen Worten: Die Bewegungen und Organisationen selbst, die gegenwärtig dem Bereich so genannter neureligiöser Bewegungen und Psychogruppen zugeordnet werden, sehen in ihren Lehren, Ideen und Konzepten eher einen Gewinn für den Einzelnen und die Kultur einer Gesellschaft. Sie weisen jeden Vorwurf einer Gefahr für Person und Staat weit von sich. Vielmehr, so sagen sie, trügen sie dazu bei, dass persönliche und gesellschaftliche Bedürfnisse nach Emotionalität, nach religiöser, mystischer und transzendenter Erfahrung, nach Geborgenheit, nach Strukturierung und Orientierung sowie nach alternativen Heilmethoden nur in ihren Reihen eine angemessene Befriedigung fänden.

Hingegen wird aus dem sozialen Umfeld von Personen, die von Angeboten so genannter neureligiöser Gruppen oder Psychogruppen angeworben wurden, beziehungsweise von ehemaligen Mitgliedern und Interessenten oder von Beratungsdiensten in der Regel ein gänzlich anderes Bild vermittelt. Von Wesensveränderung, Persönlichkeitszerstörung, Geldmacherei, von familiärer oder gesellschaftlicher Entfremdung, von gesundheitlichen Gefahren bis hin zu kriminogenen Strukturen, die in diesen Organisationen oder deren Angeboten erkennbar würden, ist hier die Rede.

Diese unterschiedlichen Einschätzungen des Feldes so genannter neureligiöser Gruppen und Psychogruppen prägen in nicht unerheblicher Weise die Erwartungen, die an staatliches Handeln gegenüber dem Auftreten und Wirken so genannter neureligiöser Gruppen und Psychogruppen herangetragen werden. Je nach persönlichem Standort findet eine gegensätzliche Debatte darüber statt, welche Maßnahmen zur Aufklärung, zur Gefahrenabwehr oder zum Schutz des Verbrauchers vor einem unüberschaubar gewordenen Markt an sinnstiftenden Möglichkeiten und gewerblichen Lebenshilfebewältigungsangeboten durch staatliche Stellen geboten erscheinen. Oftmals geht Betroffenen oder Selbsthilfeorganisationen die staatliche Informations- und Aufklärungsarbeit nicht weit genug und ist im Einzelfall der ihrer Ansicht nach gebotene Maßnahmenkatalog nicht umfangreich genug.

In der Zwischenzeit liegt eine umfangreiche Rechtsprechung zur Beurteilung des Auftretens und Wirkens so genannter neureligiöser Gruppen und Psychogruppen und dem Äußerungsrecht des Staates[1] zu dieser Frage vor. Ich werde im einzelnen noch darauf zu sprechen kommen.

Entsprechend der Vorgabe des Veranstalters dieser Fachtagung werde ich versuchen, meinen »staatlichen Blick« in erster Linie auf den so genannten Psychomarkt zu richten, wohl wissend, dass die Übergänge zwischen den unterschiedlichsten Angeboten des so genannten Psychomarktes und/oder der sinnstiftenden Angebotspalette so genannter neureligiöser Gruppen durchaus fließend sind.

Psychogruppen – ein Thema für den Staat?

Bevor ich mich dieser Frage intensiver widme, ist zunächst einmal zu klären, was unter einer Psychogruppe zu verstehen ist.

Die Enquête-Kommission[2] »Sogenannte Sekten und Psychogruppen« stellte fest, dass der Begriff Psychogruppe in den letzten Jahren zur Bezeichnung der vielfältigen psychologischen und pseudopsychologischen Angebote zur Lebenshilfe, Lebensorientierung und Persönlichkeitsentwicklung außerhalb der fachlichen Psychologie und des Gesundheitswesen Verbreitung gefunden habe. Unter den Begriff Psychogruppe würden so verschiedene Dinge wie psychologische Erfolgskurse für die Wirtschaft, esoterische Beratungsangebote zur Bewältigung von Geldproblemen, Astralreisen, mediale Kontakte mit außerirdischen Intelligenzen, Rückführungen in frühere Leben und eine Vielzahl von Methoden subsumiert werden. Therapien mit Anleihen aus traditionellen Psychotherapieschulen; Emotions- und Körpertherapien, spirituelle Angebote mit therapeutischem Anspruch, magische und okkulte Praktiken seien in den Angeboten ebenso vorzufinden wie Naturreligionen, mystische und spirituelle Traditionen, esoterische Seelsorge oder Lebensberatung. Die Angebote dienten gleichermaßen der Freizeitgestaltung wie der Unterhaltung oder der Befriedigung des Bedürfnisses nach sinnlichen und ästhetischen Erlebnissen. Von einer Psychogruppe oder – schärfer – von einem Psychokult könne man nur dann sprechen, wenn von einem Anbieter und seinen Klienten ein gewisser dauerhafter Organisationsgrad erreicht werde und sich gruppentypische Innen- und Außenbeziehungen etablierten.[3]

Ein erster Versuch einer Definition wäre also gewagt. Welche Probleme sich aus Auslegung und Anwendung ergeben, wird im Verlauf des Vortrags, so hoffe ich, deutlich.

Soviel vorneweg: Allein die Tatsache, dass so genannten neureligiösen Gruppen und Psychogruppen neu definierte Denkmuster – oftmals ein Konglomerat von Weltanschauungen, wissenschaftlichen und quasiwissenschaftlichen Erkenntnissen, neudefinierten Religionsauffassungen traditioneller Religionslehren –, ein Exklusivitätsanspruch für Privat- und Be-

---

[1] vgl. u. a.: 1 BvR 670/1; Bayrischer Verwaltungsgerichtshof 7 CE 96.2861; OVG Nordrhein-Westfalen 5 B 993/95; Verwaltungsgerichtshof Baden-Württemberg 12 S 501/95; OVG Hamburg Bs III 65/96; OVG Hamburg BS III 326/93.

[2] Eingesetzt durch Beschluss des Deutschen Bundestages vom 9. Mai 1996 – Drucksache 13/4477.

[3] Endbericht der Enquete-Kommission »Sogenannte Sekten und Psychogruppen«, Drucksache 13/10950 vom 9. 6. 1998 , Seite 35 ff.

rufsleben und ein weltumspannender Gedanke zugrunde liegen, kann für sich gesehen nicht bereits gleichzeitig als Gefahrenquelle für Staat und Gesellschaft ausgelegt werden. Anknüpfungspunkte für ein Gefahrenpotenzial werden jedoch dort gesehen, wo von Gruppen oder Anbietern ein gesellschaftlicher Rückzug und/oder unser derzeitiges gesellschaftliches Normen- und Wertesystem ersetzende und/oder nicht dialogfähige Organisationsstrukturen und Handlungsanweisungen inszeniert werden oder beispielsweise unter dem Deckmantel einer Religionsgemeinschaft gewinnmaximierenden Expansionsbestrebungen Vorschub geleistet werden soll, beziehungsweise hinsichtlich der Angebote und des Auftretens einzelner Gruppen der begründete Verdacht besteht, dass Verstöße gegen grundrechtlich verankerte Rechtsgüter bewusst oder zumindest billigend in Kauf genommen werden, um gruppeneigene Interessen zu verwirklichen.

Höchstrichterlich ist entschieden, dass der Staat dort zur Informationsarbeit berechtigt ist, wo ihm eine gesamtstaatliche Verantwortung zukommt, die mit Hilfe von Information wahrgenommen werden kann.[4]

In seiner Entscheidung vom 26. Juni 2002 hat der Erste Senat des Bundesverfassungsgerichts zuletzt festgestellt:»Das Grundrecht der Religions- und Weltanschauungsfreiheit aus Art. 4 Abs. 1 und 2 GG bietet keinen Schutz dagegen, dass sich der Staat und seine Organe mit den Trägern dieses Grundrechts sowie ihren Zielen und Aktivitäten öffentlich – auch kritisch – auseinandersetzen. Diese Auseinandersetzung hat allerdings das Gebot religiösweltanschaulicher Neutralität des Staates zu wahren und muss daher mit Zurückhaltung geschehen.«[5]

Der Staat hat folglich unter Wahrung der Verhältnismäßigkeit der Mittel zu prüfen, welche Maßnahmen er auf Grund der an ihn herangetragenen Besorgnisse für erforderlich hält. Er führt eine sachgerechte öffentliche Auseinandersetzung über Angebote, Ziele, Strukturen, Regeln und Verpflichtungen derjenigen Gruppen, die geeignet sind, demokratische, am Gemeinwohl orientierte Lebenskonzepte zu verhindern oder deren Angebote möglicherweise gesundheitliche Gefährdungen für den Einzelnen oder die Gesellschaft darstellen.

Von Ausnahmen abgesehen, scheinen die bislang bekannt gewordenen Verfahren zu so genannten neureligiösen Gruppen und Psychogruppen in ihrer Gesamtheit zu verdeutlichen, dass es sich bei dem Auftreten und Wirken so genannter neureligiöser Gruppen und Psychogruppen nicht um ein von vornherein strafrechtlich relevantes Gebaren handelt, sondern in erster Linie um ein gesellschaftliches Problem, dass in Einzelfällen durchaus rechtliche Konsequenzen nach sich ziehen kann.

So genannte neureligiöse Gruppen und Psychogruppen – ein zeitgemäßes gesamtgesellschaftliches Phänomen?

Unser gegenwärtiges Gesellschaftssystem ist mehr denn je geprägt durch multikulturelle Orientierungen, die neue Lebenskonzepte nach sich ziehen. Dem Einzelnen wird ein hohes Maß an Mobilität, an Flexibilität und an Konfliktbereitschaft abverlangt, ohne dass gleichzeitig geeignete Handlungsmuster zur Verfügung stünden. Die Distanzen zwischen den

---

[4] vgl. Beschluss des Bundesverfassungsgerichts – 1 BvR 670/91 (Leitsätze).
[5] vgl. Beschluss des Bundesverfassungsgerichts ebenda.

Menschen sind größer geworden, Beziehungen werden anonymer erlebt und gelebt. Offensichtlich ist aber auch, dass zunehmend mehr Menschen eine ganzheitliche Betrachtung ihrer persönlichen Situation, ihrer Bekümmernisse und Beschwerden und Leiden erwarten und daran ausgerichtete persönliche Lösungskonzepte suchen. Rituale, so wissen wir, machen für viele persönliche Krisen, zum Beispiel im Falle einer schweren Krankheit oder eines schmerzlichen Verlustes, erträglicher und stellen sie in einen Sinnzusammenhang. Rituale können gerade in Krisenzeiten Brücken und Verhaltensorientierung für Menschen darstellen. Die Enquete-Kommission »Sogenannte Sekten und Psychogruppen« spricht in ihrem Abschlussbericht von einer Passung zwischen Interessenten und ausgewählter Gruppe bzw. umgekehrt. Dies gilt in besonderem Maße für menschliche Grenzsituationen.[6]

Festzuhalten ist: Die Suche nach sinnstiftenden Lebensbewältigungsangeboten kann dem Wunsch nach Strukturierung komplex erlebter Lebensvollzüge entspringen, dem Bedürfnis nach Hilfe in ausweglos erlebten gesundheitlichen Situationen oder der Suche nach einer Grenzerfahrung besonderer Art. Die Fülle der derzeit vorfindbaren so genannten sinnstiftenden bzw. heilversprechenden Angebote korrespondiert in starkem Maße mit den jeweiligen gesellschaftlichen Realitäten und entsprechen selbstverständlich auch dem Zeitgeist einer Gesellschaft. Sogenannte neureligiöse Gruppen und Psychogruppen spiegeln auch die individuell erlebten Möglichkeiten einer Teilhabe am gesellschaftlichen Leben wieder und zeichnen damit ein Bild über die Integrationsprobleme Einzelner oder Gruppen. In den meisten Fällen der Hinwendung zu einer so genannten neureligiösen Gruppe steht im Vordergrund, das Bedürfnis, eine Antwort auf individuelle Bedürfnisse nach Verbesserung der persönlichen Situation zu erhalten.

Die daraus erwachsenen persönlichen und gesellschaftlichen Folgen sind es, die seit etlichen Jahren Staat und Justiz beschäftigen. Auseinandersetzungen durch das Vorbringen strafrechtlicher Tatbestände (z. B. Körperverletzung, Nötigung, Betrug, Insolvenzstrafsachen, unerlaubte Ausübung der Heilkunde), zivilrechtliche Verfahren (z. B. Vereinsrecht), Steuerrechtliche Verfahren, Arbeitsrechtsverfahren (z. B. Kündigung, Verletzung von Arbeitgeberpflichten), Familienrechtsfälle (z. B. bei Sorgerechtsregelungen, in denen insbesondere die Erziehungsfähigkeit bzw. das Recht auf religiöse Erziehung eine Rolle spielten), rechtliche Fragen in Bezug auf die Ausübung der Schulpflicht und vieles andere mehr wären zu nennen. Die meisten Verfahren haben gezeigt, dass sich in der juristischen Auseinandersetzung zunehmend ein Balanceakt ergibt zwischen persönlicher Entscheidungsfreiheit und grundrechtlich verbrieften Rechten Dritter (z. B. der Kinder), zwischen der Darstellung begeisterter Mitgliedern einer Gruppe bzw. der Gruppe selbst sowie enttäuschten ehemaligen Mitgliedern, die sich betrogen und einer Gefährdung von Leib und Leben ausgesetzt sahen und auch nach ihrem Ausstieg noch befürchten.

Regelung des Psychomarktes durch ein Lebensbewältigungshilfegesetz?

Die Enquête-Kommission »Sogenannte Sekten und Psychogruppen« sprach sich dafür aus, dass die Angebote des Psychomarktes objektiv beschrieben und zum Zwecke der Transpa-

---

[6] Enquête-Kommission »Sogenannte Sekten und Psychogruppen« a. a. O. S. 6 ff.

renz für den Verbraucher bewertet werden sollten. Dies würde auf die Dauer voraussichtlich einen Rückgang der unseriösen Anbieter auf diesem Markt bewirken. Heilkundliche Standesorganisationen, Verbraucherschutzzentralen usw. sollten die Bewertungen vornehmen. Dabei sollten sie staatliche Unterstützung erhalten.[7]

Im Mai 1997 hat das Bundesland Hamburg den Entwurf eines Gesetzes über Verträge auf dem Gebiet der gewerblichen Lebensbewältigungshilfe dem Bundesrat zugeleitet. Der Gesetzentwurf hatte zum Ziel, den Schutz der Verbraucher vor wirtschaftlicher Ausbeutung bei Verträgen, die im Rahmen der gewerblichen Lebensbewältigungshilfe abgeschlossen werden, zu verbessern. Nach Ausschussberatungen und einer Überarbeitung wurde der Gesetzentwurf mit Beschluss vom 19. 12. 1997 (BR – Drucks. 351/97) im deutschen Bundestag eingebracht. Die damalige Bundesregierung äußerte in ihrer Stellungnahme grundlegende Bedenken gegenüber dem Gesetzentwurf, die sich im Wesentlichen auf folgende Punkte bezogen:

1. Es lasse sich nicht hinreichend trennscharf abgrenzen, auf welche Verträge das als Sondergesetz konzipierte Gesetz anwendbar sei.

2. Zwei der insgesamt drei eingesetzten wesentlichen traditionellen Instrumente des Verbraucherschutzes seien bei Verträgen über Lebensbewältigungshilfe ohne Effekt, nämlich das Schriftformerfordernis und das Widerrufsrecht.

3. Die vorgeschlagene Kündigungsregelung werde ohne eine zusätzliche Regelung über die Entgelte wirkungslos sein.

4. Das vorgeschlagene Gesetz lasse sich durch Ausweichen auf andere Gestaltungsformen leicht umgehen.

Die Bundesregierung behielt sich seinerzeit vor, einen eigenen Gesetzentwurf vorzulegen, schlussendlich fiel der Gesetzentwurf der Diskontinuität zum Opfer.

Im September 2003 hat der Freistaat Bayern erneut einen Entwurf eines Gesetzes über Verträge auf dem Gebiet der gewerblichen Lebensbewältigungshilfe und der Persönlichkeit vorgelegt (Drucks. 690/03). In der Begründung heißt es: »Neuere humanwissenschaftliche Untersuchungen haben bestätigt, dass Verbraucher durch die Anwendung unkonventioneller Psycho- und Sozialtechniken, mit denen Erleben (Bewusstsein, Geist und Psyche), Verhalten und Persönlichkeit verändert werden, derart in Abhängigkeit vom Dienstleister geraten können, dass die konkrete Gefahr finanzieller Ausbeutung und gesundheitlicher Schädigung besteht ... Das Gesetz wird, abgesehen vom Schutz des einzelnen Kunden, eine sozialverträgliche Selbstorganisation des Lebensbewältigungshilfe- und Persönlichkeitsentwicklungsmarktes ohne staatliche Intervention in der Form einer Marktpolizei in Gang setzen, da das Marktgeschehen voraussichtlich insgesamt transparenter wird. Dies wird auf die Dauer voraussichtlich einen Rückgang der unseriösen Anbieter auf diesem Markt bewirken.«

---

[7] Enquête-Kommission a. a. O. S. 392.

Auch diese Gesetzesinitiative zielt im Wesentlichen auf eine schriftliche Fixierung der Verträge zwischen Anbieter und Abnehmer auf dem Gebiet der gewerblichen Lebensbewältigungshilfe, ein Widerrufsrecht mit einer Frist von zwei Wochen sowie ein zwingendes Kündigungsrecht. Anzahlungen und Aufrechnungen sollen bei Verträgen auf dem Gebiet der gewerblichen Lebensbewältigungshilfe und der Persönlichkeitsentwicklung zum Schutz der Verbraucher nur eingeschränkt zulässig sein und die Anbieter sollen verpflichtet werden, die persönlichen Daten des Verbrauchers vertraulich zu behandeln. Letztlich soll ein derartiges Gesetz die allenthalben geforderte Transparenz auf dem Gebiet des Psychomarktes bewirken. Mit anderen Worten, es soll die Spreu vom Weizen getrennt werden. Wie bereits bei dem Hamburger Entwurf zeigt sich, unabhängig von der Frage, ob es sinnvoll ist, Vorschriften zur Regelung der Verträge auf dem Gebiet der gewerblichen Lebensbewältigungshilfe in einem Sondergesetz zusammenzufassen, dass der Personenkreis, auf den das Gesetz Anwendung finden soll, nicht so leicht eingrenzbar und ein wirksamer Verbraucherschutz auf diesem Gebiet einigen Unwägbarkeiten ausgesetzt ist.

Derzeit liegt der Gesetzentwurf den Ausschüssen des Bundesrats zur Beratung vor. Federführend ist der Rechtsausschuss.

Abschließende Bemerkungen

Das Spektrum psychotherapeutischer Heilkunde hat sich in den letzten Jahren enorm ausgedehnt. Neben kassenfinanzierter Psychotherapie zur Behandlung seelischer Störungen hat sich eine alternative »Psychotherapie-Szene« entwickelt. In Zeiten schnellen Wandels und großer Unsicherheiten suchen viele Menschen Orientierung und Halt und sind dabei durchaus bereit, experimentelle, alternative Wege zu beschreiten und gegebenenfalls dafür eine Menge Geld auszugeben.

Viele dieser Angebote verheißen persönlich attraktive Ziele wie Glück, Harmonie, beruflicher Erfolg und Entspannung. Sie nehmen elementare Wünsche und Sehnsüchte auf, zum Beispiel, sich selbst besser kennen zu lernen und zu entfalten, persönliche Fähigkeiten (auch in der Erlangung von mehr gesellschaftlichem Einfluss) zu steigern, etwas Besonderes zu erleben und zu erfahren oder eine persönliche Sinnsuche zu befriedigen.

Der Reiz, das Verlockende, zugleich aber auch das Problematische der Angebote der Psychoszene liegt in ihrem umfassenden Anspruch, die Zielvorstellungen sind häufig mehr als verschwommen, das Versprochene nicht selten für den einzelnen in realistischer Weise nicht erreichbar.

Die Enquête-Kommission »Sogenannte Sekten und Psychogruppen« weist darauf hin, dass einige so genannte neureligiöse und ideologische Gemeinschaften und Psychogruppen in bestimmten Perioden oder dauerhaft Konfliktpotentiale in sich bergen können. Konflikte, die zum Beispiel gegeben sein können, wenn untaugliche Leistungen, die nach menschlichem Ermessen nicht oder nur für die Führungselite eintreten können, angeboten werden oder übermenschliche Fähigkeiten (zum Beispiel yogisches Fliegen), Heilungen und Anderes versprochen werden, diese Versprechungen aber nicht, nicht einmal zu einem Minimum verwirklicht werden.[8]

---

[8] Enquête-Kommission »Sogenannte Sekten und Psychogruppen« a. a. O. S. 91.

Seit Anfang 1999 ist ein Gesetz in Kraft, das die Berufsbezeichnung »Psychotherapeut/ Psychotherapeutin«[9] schützt. Nur wer als Arzt oder Psychologe bzw. Sozialarbeiter und Sozialpädagoge mit Zusatzqualifikation die strengen Ausbildungsrichtlinien erfüllt, erhält eine Approbation und darf heilkundliche Behandlungen durchführen. Als Lebensberater, Mentaltrainer, psychologischer Berater oder Coach kann sich jedoch ein jeder, der sich dazu berufen fühlt, niederlassen.

Die seitens der Anbieter vielfach aufgeworfene Frage – gerade bezogen auf die Gesetzesinitiative zur Regelung der Verträge auf dem Gebiet der gewerblichen Lebensbewältigungshilfe – lautet: Kann angehen, dass staatliche Organe darüber entscheiden, was, wie und von wem Sinnstiftung in der Praxis angeboten wird und wie sich die diesbezügliche Geschäftsbeziehung zwischen Anbieter und Verbraucher gestaltet? Die Gegenposition stellt sich wie folgt dar: Gerade aufgrund der Tatsache, dass sich der Markt in den vergangenen Jahren stark entwickelt habe und dadurch gekennzeichnet sei, dass sachlich rationale und wirtschaftliche Erwägungen der hilfesuchenden Person bei Vertragsabschluss als Schutzmechanismen vor unangemessenen Vertragsbedingungen oft in den Hintergrund träten, weil sich das Angebot für die hilfesuchende Person zumindest vordergründig als Mittel zur Bewältigung aktueller Probleme darstelle. In dieser besonderen Nachfragesituation sei typischerweise die Kritikbereitschaft und -fähigkeit eingeschränkt, der Verbraucher somit allzu leicht Freiwild für die obskursten Angebote und die Folgen für Staat und Gesellschaft nicht so ohne weiteres hinnehmbar.

Die Rolle des Staates in diesem Zusammenhang positionieren meines Erachtens trefflich die Leitsätze des bereits zitierten Beschlusses des ersten Senats des Bundesverfassungsgerichts: Der Staat ist überall dort zur kritischen Auseinandersetzung und Informationsarbeit im Zusammenhang mit dem Auftreten so genannter neureligiöser Gruppen und Psychogruppen berechtigt, wo ihm eine gesamtstaatliche Verantwortung zukommt. Diese Auseinandersetzung hat jedoch sachlich und angemessen zu erfolgen und das Gebot religiös-weltanschaulicher Neutralität des Staates zu wahren. Inzwischen haben alle Bundesländer eine Anlaufstelle für Fragen im Zusammenhang mit dem Auftreten und Wirken so genannter neureligiöser Gruppen und Psychogruppen eingerichtet.

Zum Abschluss noch einmal ein Zitat aus dem Bericht der Enquête-Kommission »Sogenannte Sekten und Psychogruppen.« Da heißt es: »*Hilfestellungen zur Orientierung und Lebensbewältigung kann der Staat nicht alleine leisten. Die Eigenverantwortung von Bürgerinnen und Bürgern ist zu respektieren, aber auch einzufordern. Wenn dies gelingt, ist ein enges Zusammenspiel von Politik und allen gesellschaftlichen Gruppen nötig. Vermittlung von Sachwissen, Anleitung zu Toleranz und Solidarität, Stärkung der Kritik – aber auch der Konfliktfähigkeit sind notwendig, um den Einzelnen vor der Hinwendung zu problematischen Gruppierungen zu schützen, aber ebenso um unproblematischen neureligiösen und ideologischen Gemeinschaften den Raum in unserer Gesellschaft zu ermöglichen, der ihnen zusteht.«*[10]

---

[9] Gesetz über die Berufe des Psychologischen Psychotherapeuten und des kinder- und Jugendlichenpsychotherapeuten (Psychotherapeutengesetz – PsychThG) vom 16. Juni 1998 (BGBl. I, S. 1311).

[10] Enquête-Kommission »Sogenannte Sekten und Psychogruppen« a. a. O. S. 7.

Die Autorinnen, die Autoren

HANS-WERNER CARLHOFF
ist Vorsitzender der Baden-Württembergischen Interministeriellen Arbeitsgruppe für Fragen sog. Sekten und Psychogruppen (IMA-SuP) im Ministerium für Kultus, Jugend und Sport Baden-Württemberg.

BRIGITTA DEWALD-KOCH
ist Referatsleiterin im Ministerium für Arbeit, Soziales, Familie und Gesundheit Rheinland-Pfalz.

GÜNTER GEHL
leitet als Akademiedozent das Ressort »Geschichte, Politik und Gesellschaft« der Katholischen Akademie Trier.

RA INGO HEINEMANN
ist Geschäftsführer der AGPF – Aktion für Geistige und Psychische Freiheit Bundesverband Sekten- und Psychomarktberatung e. V. in Bonn.

DR. HANSJÖRG HEMMINGER
ist Beauftragter für Weltanschauungsfragen der württembergischen Landeskirche und Mitglied der Enquête-Kommission »Sogenannte Sekten und Psychogruppen« (1992–1998).

MATTHIAS NEFF
leitet das Referat Weltanschauungsfragen und Sekten im Bistum Trier.

PROF. DR. GERHARD ROBBERS
ist Professor für Staats-, Verfassungs- und Kirchenrecht an der Universität Trier.

DR. MICHAEL UTSCH
ist Referent der Evangelischen Zentralstelle für Weltanschauungsfragen in Berlin.

DR. RAIK WERNER
ist Mitautor der Studie »Auswirkungen und Risiken unkonventioneller Psycho- und Sozialtechniken«, die von dem Institut für Therapieforschung, München – LMU München erstellt wurde.

Soziale Dienste ISSN 0938-9415

Bertuch